私を番号で呼ばないで

「国民総背番号」管理はイヤだ

やぶれっ！住民基本台帳ネットワーク市民行動――編

社会評論社

まえがき

四月下旬、住民基本台帳ネットワークについての本を出さないか、との提案をうけた時、私たちには荷の重い課題だと思った。一九九九年の住民基本台帳法改正を前に反対運動をはじめ、国会傍聴などに取り組み、成立後は連続講座や東京都交渉などを行ってきた私たちだが、この住基ネットは法律に具体的内容は書かれておらず、公開されている情報も少なく、内容の変更も多く、いったいどういうシステムがつくられるのか、私たち市民の立場からはなかなか把握が難しかった。

しかし、今年（二〇〇二年）八月には住基ネットが稼働し住民票コードの一億二〇〇〇万人への通知がはじまろうとしているのに、住基ネットの内容と問題点について書かれた本がないというのは、私たちが運動をしていく上でも困り事だった。個人情報保護法や防衛庁リスト問題等で「住基ネット」が話題にされることも多いが、「住基ネットって何？」と聞かれても、「これを読んだらいいよ」と紹介できる本がない。内容のわかりにくさが、運動の困難となっていた。

「誰かいい解説を書いてくれないかな」と思っていた私たちだが、ここはもう自分たちでやってみるしかないと決め、八月五日のXデーに間に合わせるために短期間だが分担して原稿をまとめた。

この本は住基ネット稼働を前に、おそらく唯一の住基ネットをテーマとした本になるだろう。そこで、第1部では住基ネットの仕組みと問題点についてできるだけ詳しく明らかにしようとした。

まず第一節で住民基本台帳法改正とは何かを概説した。第二節から第四節で住基ネットシステムの内容と問題点を、本人確認情報が「全国センター」に集中されていく仕組みが国民総背番号制につながること、便利になるといわれている「住民票写しの広域交付」や「転入転出事務の簡素化」が誇大宣伝で利便性向上は期待できないこと、手続きの際に住民票写しの提出が不要になるということがプライバシー侵害のリスクを高めること、の三点に整理して検討した。第五節では、住基ネットの一部として来年度から配布が予定されている「住民基本台帳カード」について、それがICカードとなることによってどのような問題をもたらしていくかを述べた。第六節では、住基ネットのもたらすプライバシーの危機について、プライバシー漏洩だけでなく、国家による個人の監視の問題や個人をターゲットとしたマーケティングで住基ネットがもたらす危険性を指摘し、住基ネットでの個人情報保護措置や個人情報保護法案ではそれを防げないことを明らかにした。第七節では、改正住民基本台帳法の成立以降、ミレニアム・プロジェクトとして急速に具体化してきた「電子政府・電子自治体」構想の中で、住基ネットが住基法改正時の位置づけから「電子政府」の基礎システムへと変わってきていることを検討した。

つぎに第2部では、私たちの運動や改正住民基本台帳法の成立をめぐる動きを座談会で振り返りながら、今後の課題にふれた。

第3部は一昨年暮れ、私たちの企画した六回の連続講座の最終回として行われた、小倉利丸氏、斎藤貴男氏、佐藤文明氏によるシンポジュウムの記録である。住基ネットをはじめとした監視社会とプライバシーの問題について論じていただいた。

その他コラムで、住基ネットに関連する話題を取り上げた。

この本を書くにあたっては、自治体で働く方たちから教えていただいた情報が貴重な資料となった。心ある自治体担当者からの情報提供だけでなく、説明・交渉で対応された自治体担当部署の方たちは、みな誠実に現時点でわかっている情報を提供してくださった。その方たちも本音では住基ネットの利便性には疑問を抱き、危険性があることは理解されていたように感じた。残念なのはそれが公的にはなかなか表明されず、住基ネットシステムをストップさせたり修正させる力になっていないことである。

この本は私たちなりに最新の情報で正確を期そうとしたが、国がまったく説明責任をはたしていないなかで、そのような努力には限界がある。ぜひ読者の方がこの本を読んで疑問に思うこと、不安に感じたことを総務省、都道府県、市区町村に質問し、どのようなシステムとなっているのか確認していただきたいと思う。八月五日以降の住民票コード通知時には、問い合わせ窓口をつくる市区町村もある。一人ひとりがこの問題への関心の強さを自治体に伝え国にぶつけていくことが、国民総背番号制へと成長していくことをくい止める力になるだろう。この本がその一助となることを期待している。

（原田富弘）

私を番号で呼ばないで●目次

第1部　住基ネットって何？

はじめに——二〇〇二年八月、何が始まるのか？

◆あなたが番号になる日

八月の暑い日の夕方、郵便受けを見に行ったあなたは市役所からの通知を見つける。開けてみると一一桁の番号の下に「あなたの住民票コードは上記のとおりですので通知します」と書いてある。

「なんだ、これは？」「勝手に人に番号をつけやがって！」

この「住民票コード」こそ、これから一生あなたにつきまとい、あなたを識別するコードだ。今日から「あなたが誰であるか」を証するのは、一一桁の住民票コードになった。

単に番号が付くだけではない。この「住民票コード」を識別番号にして、市区町村に登録したあなたの住民情報が「住民基本台帳ネットワークシステム（住基ネット）」というコンピュータ・ネットワークシステムにのって全国をとびまわることになったのだ。

「そんなことに同意した覚えはない」と市役所に電話したあなたは、「一九九九年八月に成立した改正住民基本台帳法に基づいて実施しています」という答えを聞くことになる。お上（自治省―総務省）はこの三年間着々と住基ネットづくりをしてきた。その実施の基準日が二〇〇二年八月五日だったのだ。

◆はじめて「共通番号」が付けられる

「個人番号なんて今でもいろいろ付けられているから問題ない」。そう思ったあなたは、甘い。たしかに数千万人単位の運転免許証番号や基礎年金番号をはじめ、各市区町村でも住民番号を付けているし、口座番号・社員番号・生徒番号からいろんな団体の会員番号やレンタル店の登録番号まで、無数の個人識別番号があなたには付けられている。

しかしそれらの個人番号と今回の「住民票コード」では決定的な違いがある。

今までの個人番号はすべて任意に、そのサービスを受けたり所属する人のみを対象に付番される「個別番号」だった。そして原則としてその業務や地域・企業・団体等の中での事務処理のために使われてきた。このような個々バラバラな番号を基にしては、あなたに関する個人情報をすべて一覧することはできなかったのだ。

ところが「住民票コード」は、全国民（住民登録をしているすべての人）に強制的・一方的・一元的に付番され、（変更申請をしないかぎりは）生涯不変で、しかも広範な行政サービスで汎用的に本人確認に使用される「共通番号」となっている。いずれは民間にも利用が拡大し、さまざまなところに記録されているあなたの個人情報を検索し結合していく「キー・コード」になっていくだろう。これはまさに「国民総背番号」である。

◆「国民総背番号制」の扉が開く

「国民総背番号」を使って名寄せをすれば、国民一人一人がどういう人間で、いつどこで何をしたか、税金から家族関係、職業、収入、病歴、貯金、成績、婚姻歴、購買記録、信用情報……等、ありとあらゆるプライバシーが、すべて丸見えになる。それが国民総背番号制の社会だ。

「国民」を監視しようとする政府や物を売り込もうとする会社にとって、それは便利な社会だろう。しかし私たちにとっては、

- 行政や企業の意のままに操られる社会
- 監視の目を意識して、言いたいことも言えなくなる管理社会
- 知られたくないプライバシーが大量に瞬時に漏洩する社会
- モノのように扱われ人格が侵害される社会
- 誤った個人情報によってレッテルを貼られて不利益を強いられる社会

だ。「情報は権力なり」と言われる。情報を独占する「彼ら」に対する「私たち」の力関係は弱く

なり、私たちの基本的人権は決定的に損なわれる。

いまのところ住基ネットは利用対象が法律で限定されており、またさまざまな個人情報にアクセス（接続）できるコンピュータ・システムにはなっていない。しかし、住民票コードの利用対象事務はすでに拡大が計画されており、またコンピュータ・システムのプラットフォームやデータベースの共通化も急速に進んでいる。「記録される個人情報が限定されているから国民総背番号制ではない」などという総務省の言い訳は、ゴマカシかコンピュータ・システムについての無知でしかない。

◆有事体制を支える住基ネット

九九年は住基法だけでなく、盗聴法や国旗国歌法など戦後日本の体制を抜本的に変更する法案が成立していった。そして、今国会で有事法制関連三法案が提出され、ついに具体的に「戦争のできる」国家へと舵を切ろうとしている。

住基法、盗聴法は私たちの日常を監視するための法整備であり、監視社会の日常化を狙ったものであるが、そうした基盤の上に実は有事体制の構築も可能なのである。今回の有事法制の特徴は、自治体と「国民」の協力義務を明記したことにあるが、「有事」の際の動員体制構築には、「国民」の詳細なデータが不可欠である。例えば自衛隊が外部からの武力攻撃に対処するために出動する場合には、施設、土地、家屋や物資を強制動員・強制取得することが可能となるよう自衛隊法第一〇三条で規定しようとしている。そうすると瞬時に人的データを分析し、効率的に動員体制を形成するために住民票コードからさまざまな個人データが検索されるだろう。限定された地域において特殊な技術を持つ人間を特定して動員するということも想定される。

一方、監視のネットワークは、日常的に反体制的な人間を捕捉し、有事の際に動員体制を崩すような活動を抑えこむための予防策としても機能するだろう。

韓国の住民登録制度は、まさに治安管理の道具として機能している。朴正煕が一九六二年に導入した韓国の住民登録制度は、もともと「治安上必要、特別な場合に住民登録証を提示するようにすることをもって、間諜や不純分子を容易に識別、索出し、反共体制を強化するため」という露骨な治安対策上の目的があった。現在個人別住民登録票には約一四〇項目が搭載されているが、そのうち兵役関係のデータがかなり多い。韓国では二年六か月の兵役義務が課せられるが、その後も軍事教練や講義などを受けなければならない。住民登録票には、「兵役」の他に「郷土予備軍」「兵力動員」「人力動員」「民防衛」という項目でそれぞれ動員に関する詳細なデータが記録されている。最近韓国の市民運動グループはこうした住民登録のあり方そのものを問題にして運動を展開している。

韓国のシステムは有事体制を支える基盤整備として理解しやすいが、日本の住基ネットも行き着く先は同じではないだろうか。

防衛庁のリスト問題はそのことの一端を垣間見せた。かなり組織的に個人情報ファイルが作成され、日常的に監視体制が構築されていることの証左として捉えられるだろう。住基ネットが確立されれば、住民票コードをキーコードとしてますます個人情報ファイルを作成することが容易となる。盗聴やNシステムや監視カメラで得られた個人情報は、住民票コードで整理され、ファイルとして蓄積されていく。

住基ネットだけでなく、監視体制の日常化を支える様々なツールを丸ごと批判することが必要になるのである。

私たちへのハイテク監視体制がすすんできた。通信は「盗聴法」で傍受され、街や高速道路には監視カメラが増殖している。有事法制の制定が検討され、戦争に向けて私たちを「人的資源」として動員する時代が来ようとしている。住民基本台帳ネットワークによる住民情報の国家への提供と、「住民票コード」による個人情報の管理、そして「住民基本台帳カード」による日常行動の把握は、「コードとカードによる国民監視のシステム」をもたらす。

「国民総背番号制」の扉が開くのを止めるのは、いまだ。

（原田富弘・宮崎俊郎）

【1】住民基本台帳法改正を装った国民総背番号の導入

1――ひそかに進む国民総背番号システム

今年八月に実施が迫っているにもかかわらず、住民基本台帳ネットワークシステム（住基ネット）についてはあまり知られていない。住基ネットでなにより問題なのは、「国民総背番号制」という私たちの基本的人権にかかわる重要な問題が、私たちには極めてわかりにくい形で進められていることである。

これは、そもそも私たちになじみが薄い「住民基本台帳法」の改正という形をとっている。住民基本台帳法はもともと四八条の法律だったが、新たに住基ネットの新設に関する五五条を追加するという、元の法律より改正内容の方が多い異常な改正だった。まさに住民基本台帳法改正に名を借りた「国民総背番号法」の制定であり、住民基本台帳を「住民サービスの台帳」から、「国民管理の台帳」に変質させるものだった。

さらに住基ネットシステムの具体的内容にかかわる「住民基本台帳（住基）カード」や「指定情報処理機関」、本人確認情報の送信の仕方などの部分は政省令に委ねられ、法律だけでは具体的にどういうシステムができるかわからないつくりになっている。しかもその「政省令」がでるのが遅れに遅れ、段階的に公布されているうちにシステムづくりの方が先行してしまう、という「法治主義」にあるまじき経過をたどっている。おまけに政令と実際に開発されているシステムとの食い違いも指摘されている。

その上、そのシステムも仕様書の修正が煩雑に自治体に連絡され、自治体の担当者でさえ内容のフォローに四苦八苦する状態となっている。実際、今年になって各市区町村で住基ネットの広報がはじまったが、その内容にも誤りが散見される。

「一般国民」にわかりにくいだけではない。国会議員からも、法改正のときにはコンピュータ・ネットワークのなかを送信されるのは住所・氏名・生年月日・性別だけだと理解していたのに、じつは住民票の記録項目一三情報すべてが送信されると後で判明したと、「住民基本台帳法の一部を改正する法律」の廃止を求める法案も出されている。そもそも自治大臣さえ誤解して答弁する始末である。*

＊衆議院地方行政委員会（一九九九年一一月二五日）保利国務大臣答弁

「せんだっての、十一月十一日でございましたか、当委員会において委員から御指摘がありました、

（ネットワークに流通する情報は）四情報ですねと。そして、重ねていろいろお話をされて、四情報で間違いありませんねということについての御発言については、議事録を私も読ませていただいて、ああ、これは私が取り違えをしておるなということに気がつきました。

当時、指定情報処理機関、いわゆる全国センター、ここは四情報しか集積をされない、記録がされないということが頭にこびりついておりましたために、委員の御質問の趣旨を取り違えて、四情報間違いありませんと重ねて申し上げたところでありますが、議事録を読んでみますというと、委員からいろいろ御指摘があって、もっと流れているんじゃないかというような御発言もあり、それに対しても四情報でございますと言っていましたのは、質問の趣旨を取り違えておりましたので、その点につきましては心からおわびを申し上げたいと思います。」

このような重要なシステムが、正確な内容も伝えられないまま作られている。最低限、実施を延期し、システムの内容を十分周知し、国民の検討に委ねて了解をえてから実施すべきだ。

しかしむしろ意図的にわかりにくく進め、こっそり作ってしまい、利用拡大をしてしまおう、というのが政府の役人の考えていることかもしれない。であるなら私たちは「わかりにくい」と嘆いているわけにはいかない。

以下、公開されている資料や情報公開等で入手した情報をもとに住基ネットの仕組みと問題点を解きあかしてみたい。しかし最終的にできるシステムとは違う部分もあるだろう。その責は、内容も知らせないまま住基ネットを進める総務省側にある。

［参考図書］

『改正住民基本台帳法資料集』（編集発行：練馬区改正住民基本台帳法問題研究会）

法改正時の国会質疑と照らし合わせながら、改正住民基本台帳法の内容と問題点を逐条解説した基本資料です。二〇〇〇年一月発行　頒価一五〇〇円（送料含）

購入連絡先：ほんコミニケート編集室

〒一六九―〇〇七三　新宿区百人町一―一五―二四　OSセンター二一〇号

電話　〇三―三三六八―四一六〇　ファックス　〇三―三三六〇―二八二四

郵便振替〇〇一一〇―二―三九八一四二

2――住民基本台帳法改正で、何がかかわったか

一九九九年八月、「日の丸・君が代法」や盗聴法（組対法）などの成立が強行された第一四五国会で、「改正住民基本台帳法」も与野党対立のなかで参議院の委員会審議を途中で打ち切るという異例の形で成立した。

この住民基本台帳法改正により、住民情報のネットワーク利用を目的として、つぎの三点が新たに加わった。

(1)　市区町村が住民登録をしているすべての人に「住民票コード」を付けて、「本人確認情報（住所・氏名・性別・生年月日・住民票コード・付随情報の六情報）」を都道府県へ通信回線で送信し、さらに全国センターに送信し集中管理して国等に提供する

(2)　市区町村間を通信回線でつなぎ、住民票写しの広域交付や転入転出事務の「簡素化」を図る

(3)　希望者に「住民基本台帳カード」（ICカードを予定）を交付する

(1)は「タテのネットワーク」、(2)は「ヨコのネットワーク」といえよう。(1)は三年以内、(2)(3)は五年以内に施行する、と法律ではなっていたが、(1)は二〇〇二年八月、(2)(3)は二〇〇三年八月からの実施が予定されている。

3——住民情報管理の基礎となる住民基本台帳

住民基本台帳（住基）は、市区町村が住民の居住関係の公証その他住民に関する事務処理の基礎とするために、住民の氏名、生年月日、性別、世帯主・続柄、本籍、住民となった日、住所・住所を定めた日、届出日・従前の住所、選挙人名簿の登録、国民健康保険・介護保険、国民年金・児童手当の資格、米穀配給、その他政令で定める事項の一三項目を記録している台帳である。*

＊住民基本台帳法第一条　この法律は、市町村（特別区を含む。以下同じ。）において、住民の居住関係の公証、選挙人名簿の登録その他の住民に関する事務の処理の基礎とするとともに住民の住所に関する届出等の簡素化を図り、あわせて住民に関する記録の適正な管理を図るため、住民に関する記録を正確かつ統一的に行う住民基本台帳の制度を定め、もつて住民の利便を増進するとともに、国及び地方公共団体の行政の合理化に資することを目的とする。

いろいろな手続きの際に提出を求められる「住民票の写し」は、この住民基本台帳に基づいて発行され、市区町村では住民基本台帳を住民サービスのための基本台帳としている。ただし外国人は外国人登録法により管理され、住民基本台帳には登録されていない。

従来は紙の台帳で管理されてきたが、一九六七年にそれまでの「住民登録法」から「住民基本台帳法」に改正されて以降、電算処理が市区町村ですすめられた。一九九八年四月の時点では人口割合で九九％、団体割合で九四％の市町村がコンピュータで管理していた。そして市区町村では、福祉・税務・教育などさまざまな住民情報も住基台帳に結合して事務を行っている。

しかし現在の住基システムは各市区町村やその事務組合ごとに作られており、市区町村間での住民情報の送信はされていない。国や都道府県への住民情報の送信もされていない。事務処理用につけられている住民番号も、その自治体内だけで使われている。したがって国等は住民情報を直接確認することはできず、住民票の写しの添付を求めたり市区町村に照会して確認している。

今回の住基法改正により、記録事項に「住民票コード」が追加され、住基ネットにより他の市区町村、都道府県、全国センターに送信する規定が加わった。

住民基本台帳は公開が原則とされている。しかしダイレクトメール発行のための大量閲覧やサラ金等の住所追跡に利用されたり、本籍や続柄の記載が差別の原因となることへの批判が高まり、閲覧請求理由の明示や不当な目的での閲覧拒否などの制限がされるようになってきた。しかし現在でもプライバシー侵害の原因になっていると批判されている。このような情報が、漏洩の危険のあるコンピュータ・ネットワーク上を流れることは、私たちの生活にとって大きな問題である。

4――実施体制とスケジュール

◆三段階の施行スケジュール

改正住民基本台帳法では、公布の日から一年以内、三年以内、五年以内の三段階で施行することになっている。

第一次施行は、指定情報処理機関の指定などの他、転入届・転出届等を一四日以内にしなかった場合の過料を五〇〇〇円以下から五万円以下に重罰化することなどが含まれており、政令により一九九九年一〇月からすでに施行されている。

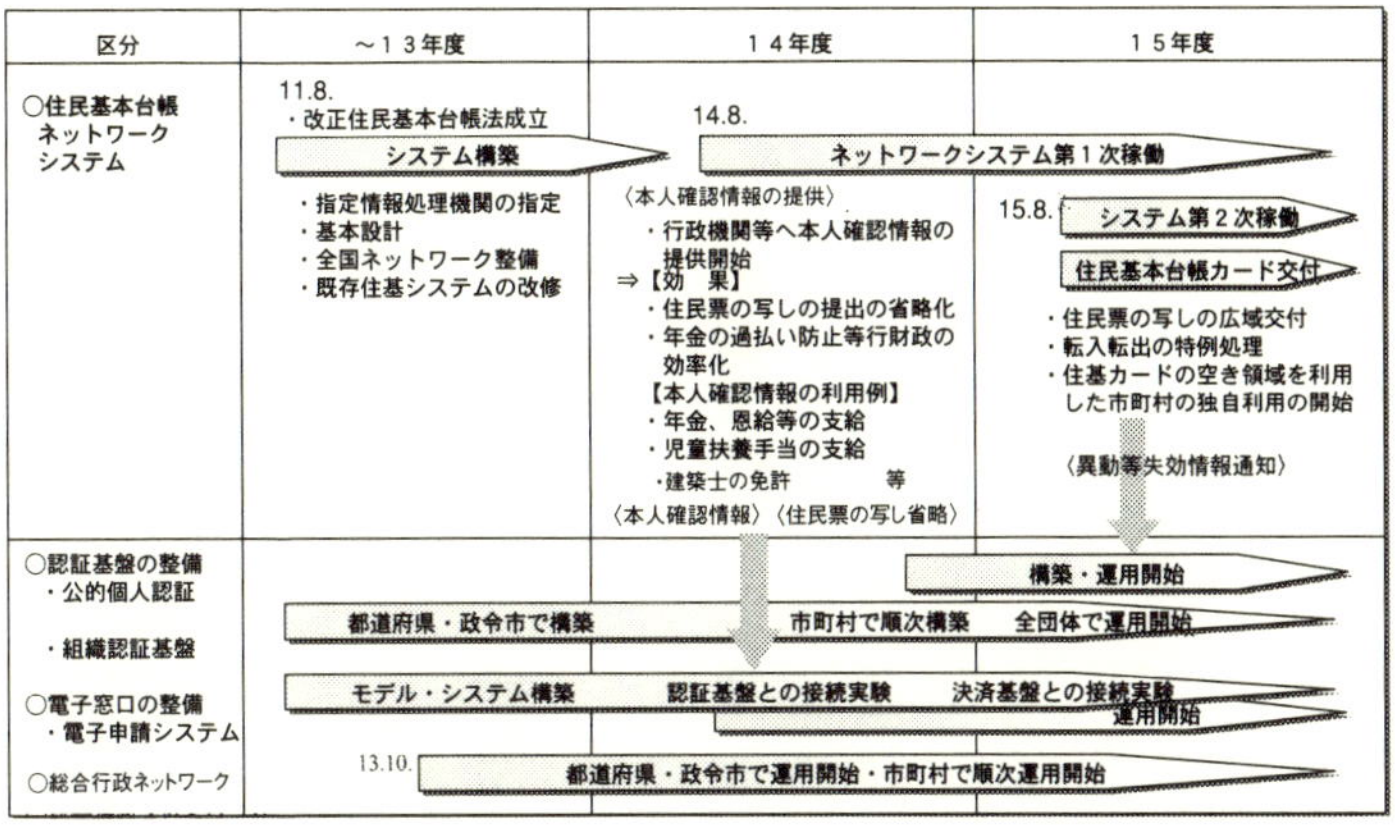

第二次施行分となる「タテのネットワーク（本人確認情報の都道府県―指定情報処理機関への送信、住民票コードの通知等）」は二〇〇二年八月、第三次施行分となる「ヨコのネットワーク（住民票の広域交付、転入転出の特例処理、住民基本台帳カードの交付等）」は一年前倒しして二〇〇三年八月からの実施が予定されている。二〇〇三年とされたのは、電子政府のスケジュールにあわせたためである。

なお最近の総務省のPRでは「タテのネットワーク」を第一次施行、「ヨコのネットワーク」を第二次施行とする紛らわしい説明がされている。

◆政省令に先行するシステム設計

改正住基法では、住基ネットの具体的内容に関する部分は、ほとんど政省令に委ねられている。その政省令関係では、二〇〇一年八月一五日に政令二七三号が公布され、本人確認情報のなかの「付随情報」の内容や本人確認情報の保存期間、国の機関等への本人確認情報の提供方法などが規定された。

二〇〇一年一〇月一〇日には省令一三五号で、法律では省令で定めることになっていた指定情報処理機関への通知の方法、指定情報処理機関での記録や保存の方法、国等への提供方法などをみな「技術的基準」に委ねてしまうことや、住民票コードの変更請求書の記載事項や必要書類などが決められた。*

二〇〇一年一二月二八日には、施行日を平成一四年八月五日にする政令が公布され、住基ネットが稼働し住民票コードが通知される「Xデー」が決まった。

二〇〇二年二月一二日には総務省令一三号により、別表に記載された本人確認情報の提供を受けられる事務について定められた。

システム設計関係では、二〇〇〇年八月に『基本設計概要書』がだされ、二〇〇〇年一〇月に『住基ネットシステム基本設計書』がCD—ROMで全国の都道府県・市町村に配布された。政省令が定まる前にシステムの内容が決められていく、という経過だった。

***どんどんやろう、住民票コードの変更**

住民票コードは市区町村で自由に変更を申請できる。その変更請求書の記載事項は「変更しようとする者の氏名、住所、住民票コード」だけであり、理由は問われない。申請の際に必要な書類は、次に掲げるいずれかの書類で請求者の氏名が記載されているものである。

1　運転免許証、健康保険の被保険者証その他法律又はこれに基づく命令の規定により交付された書類であって、当該請求者が本人であることを確認するために市町村長が適当と認めるもの

2　前号に掲げる書類をやむを得ない理由により提示することができない場合には、当該請求者が本人であることを確認するため市町村長が適当と認める書類

なお健康保険証は現在でも「なりすまし」事件が起きており、第三者が勝手に住民票コードを変えてしまうおそれもある。プライバシー侵害を防止するためにも住民票コードはたびたび変えた方がよい。あなたがあなたであることを証するのは、Ｘデー以降は住民票コードになってしまうのだから。

◆「地方公共団体共同のシステム」を装う実施体制

一九九九年一〇月「住民基本台帳ネットワークシステム推進協議会」が発足した。同年一一月には指定情報処理機関として地方自治情報センターが指定され、翌年三月までに全都道府県が指定情報処理機関への委任を完了した。

形の上ではこの都道府県により構成される「住民基本台帳ネットワークシステム推進協議会」が住基ネットの推進母体ということになっているが、実態は総務省と地方自治情報センターがつくっており、この間の経過をみても自治体はここの指示や判断待ちだった。

システム設計業者は、ＮＴＴコミュニケーションズ、ＮＴＴデータ、富士通、ＮＥＣの四社となっている。

（原田富弘）

【2】国民総背番号制をねらう「タテのネットワーク」

1――本人確認情報を提供するシステム

まず本人確認情報を市区町村から都道府県に送信し、国の行政機関等に必要に応じて提供していく「タテのネットワーク」を見ていこう。

このシステムは区市町村、都道府県ネットワーク、そして都道府県を束ねる全国ネットの三層構造と説明されている。

市区町村では、住民登録をしている総ての個人に、住民票コードという一一桁の「背番号」を新たに付番する。そして住民票コードと氏名、生年月日、性別、住所、さらに付随情報（氏名、住所などの変更理由やその日付などで、政令で定める事項）の六情報を「本人確認情報」として、市区町村の既存の住民基本台帳システムからCS（コミュニケーションサーバ）に送り保管する。

郵 便 は が き

料金受取人払

本郷局承認

1814

差出有効期間
2003年4月5日
まで

有効期間をすぎた
場合は、50円切手を
貼って下さい。

113-8790

（受取人）

東京都文京区
本郷2-3-10

社会評論社 行

ご氏名

（　　　）歳

ご住所

〒

ご職業または学校名

今回の購入書籍名

購入書店名　　　　所在地

本書をどのような方法でお知りになりましたか。

1. 新聞・雑誌広告を見て（新聞雑誌名　　　）
2. 書評を見て（掲載紙誌名　　　）
3. 書店の店頭で（書店名　　　）
4. 人の紹介で　　5. その他

購読新聞・雑誌名

読者通信

本書への批判・感想、著者への質問などご自由にお書き下さい。

最新情報は、社会評論社のホームページで
☞ http://www.netlaputa.ne.jp/~shahyo

小社刊行図書ですでにご購入されたものの書名をお書き下さい。

■購入申込書■

小社刊行図書をより早く、より確実にご入手するために、このハガキをご利用下さい。ご指定の書店に小社より送本いたします。

書名

定価 円（ ）冊

ご氏名

ご住所

お電話

取次店番線
この欄は小社で記入します。

ご指定書店名

同書店所在地

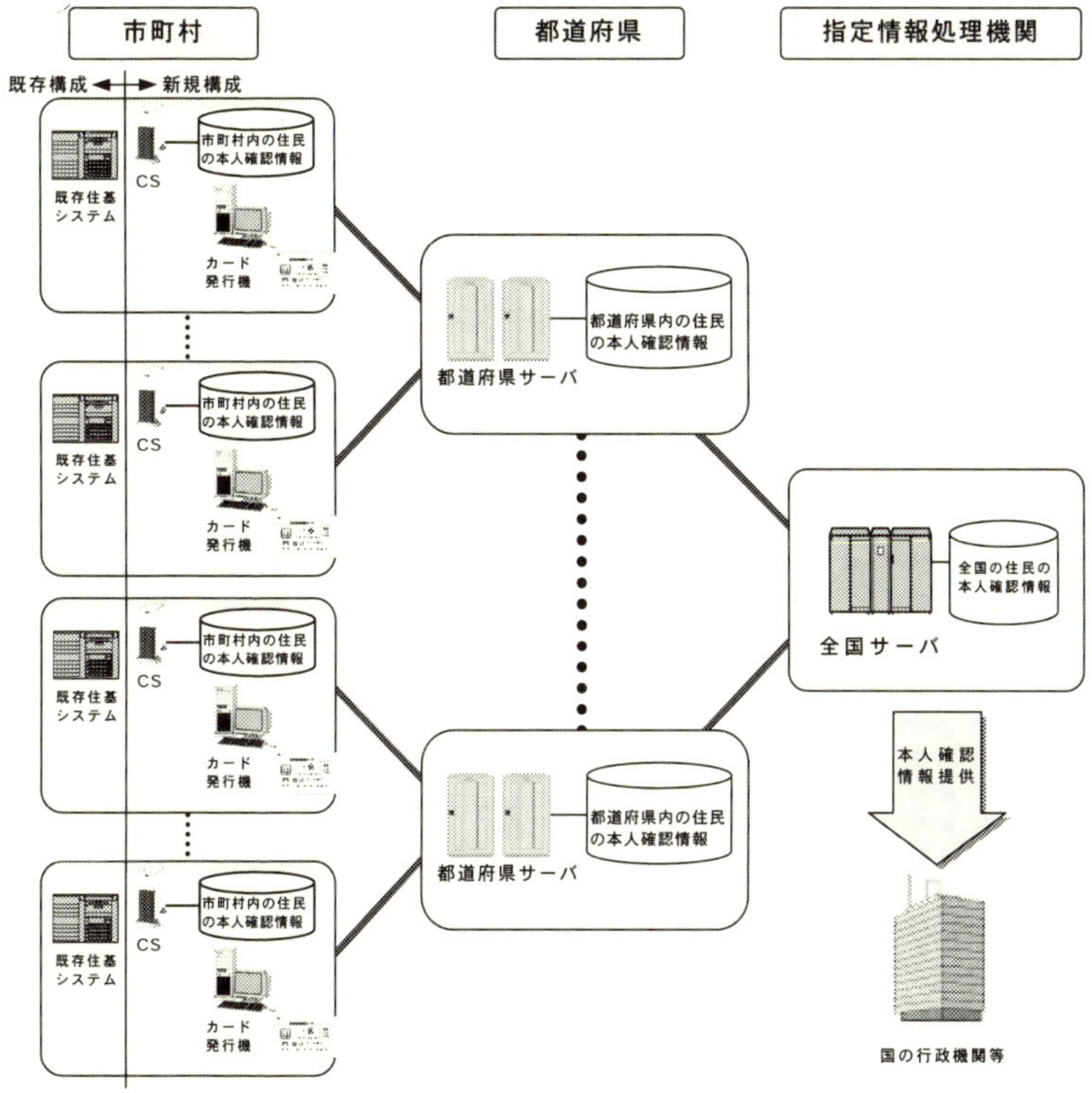

　コミュニケーションサーバ（ネットワーク用のコンピュータ）に保管された本人確認情報は、異動（変更）がある都度、都道府県ネットに送信される。そして都道府県は送信されたその都道府県内の住民の本人確認情報を都道府県サーバ・コンピュータに記録保管し、国の行政機関等に必要に応じて提供することになっている。

　しかし都道府県は国等への提供事務を「指定情報処理機関」に委

任することができるとなっており、現実には全都道府県が委任を決定してしまっている。そのため、都道府県ネットから「指定情報処理機関」の管理する全国サーバ・コンピュータに送信し、全国サーバで一億二〇〇〇万人の本人確認情報が保管され、国等に提供されるという形でシステムは作られようとしている。

以下、この情報の流れを概観しながら、「住基ネットは地方公共団体共同のシステムだから国民総背番号制ではない」という総務省の説明がゴマカシであることを見ていこう。

◆住民票コードは国民総背番号

住民票コードは、外国人登録者や住民登録されていない者には付番されない。したがって「電子政府」でのサービス提供の際の本人確認手段として住基ネットを使用すれば、外国人はサービスを受けられない。さらに住基ネットは「日本国民であるか、ないか」を識別するシステムとしても機能する。

この住民票コードは重複のない一一桁のランダムな数字(一桁はチェック用)で、指定情報処理機関から都道府県を通して市区町村に割り振られることになっている。一度使われた番号は再びほかの住民票には記載しないとされている。

世界には北欧や韓国など住民登録番号により「国民総背番号制」を行っている国がいくつかあるが、たとえば韓国の登録番号は生年月日、性別、地域番号、個人番号により構成され、番号から出身地や性別などを推測することが可能である。それに対して住民票コードは、番号そのものには住所や性別等の意味をもたせないことになっている（が、本当にランダムに配布されるかどうか？）

この住民票コードは、転出・転入・氏名変更等があっても番号はかわらず一生ついてまわるが、本人が申し出ればいつでも変更できることになっている。変更を認めたのは、法案作成の過程で永久不変の番号とすることには与党からも批判があったことに考慮したため、と言われ、「変更できるから国民総背番号ではなくなった」などと評価する学者もいる。当初法案の国会審議段階では一〇桁の数字と説明されていたが、変更が出ることを想定してか、法成立後に政令では一一桁に変わった。

しかし住民票コードの変更履歴はずっと管理されることになっており、変更しても個人データの追跡は可能である。* むしろこの履歴管理によっては、どこに住んでいたかの追跡が可能になり、かえってプライバシー侵害のおそれがある、との指摘もされている。

＊「住民票コードが変更された場合でありましても、変更前の住民票コードから本人確認情報にアクセスするということが必要なことがあります。それができますように、住民票コードの履歴は都道府県知事あるいは全国情報処理機関において必要な期間保存されるということでございますが、その後においては消除ということで適切な安全措置の中で対処していく。」（衆議院地方行政委員会一九九九年四月二七日鈴木自治省行政局長）

なお市区町村では、すでに事務処理用にそれぞれ住民番号をつけており、この住民票コードは新たに付加することになる。住民票コードをつけることによって、市区町村内の事務が「効率化」されるということはなく、余計な事務が増えるだけだ。

◆「本人確認情報」の各市区町村から都道府県への送信

各市区町村は、新たに設置する住基ネット用のコンピュータ（「コミュニケーションサーバ」＝CS）に住民情報を転送し、変更がある都度、都道府県に本人確認情報を電気通信回線で送信する。

なぜ直接既存の住民基本台帳システムを回線でつなげずにCSを介するのか。それは既存住基システムは各市区町村独自でそれぞれ作られていて互換性はなく、技術的に直接つなげることは困難なため、全国共通のCSを間に挟んでそこにデータを転送することによって既存システムの違いを吸収するためである。一度この仕組みをつくれば、ネットワークの内側では本人確認情報以外の住民情報でも全国的に送信し共有することが容易になる。

この送信もふくめ住基ネットでのデータ送信は、法案の国会審議では「専用回線による」とされていた。ところがシステム設計の段階で公衆回線を使う「仮想専用回線」にグレードダウンされた。

既存の住民基本台帳管理用のコンピュータとコミュニケーションサーバの間のデータのやりとりは、政令により「媒体交換方式（フロッピーディスクなど磁気媒体でデータをやりとりする）」か「回線接続方式（ファイヤーウォール的機能を介して回線により接続）」かのいずれかの方法を市区町村で選択するとなっている。ファイヤーウォールとは「防火壁」から転じて、ネットワークの外部と内部の間で通過する情報を監視し、制御するセキュリティシステムを指す。

回線接続方式にした場合、いくら「ファイヤーウォールを介する」といっても万全ではない。「セキュリティ・ホール」（コンピュータシステムにつきもののセキュリティの欠陥）をつかれて、万一既存の住基システムに侵入されたり障害が発生すれば、市区町村の事務全体にかかわる深刻な事態がおきる。一方、媒体交換方式にすればその危険は減るが、転送のための人手がかかる。

◆都道府県から「国等」へ本人確認情報を提供

市区町村から送信を受けた都道府県は、本人確認情報を都道府県設置のコンピュータに記録し管理する。変更前のデータも政令により「新たな本人確認情報の通知を受けた日から五年間」（最長八〇年）保存することになっている。

都道府県は、改正住基法別表で定められた「国の行政機関等」に本人確認情報を提供する。別表では提供を受けられる事務として一六省庁九二事務（省庁再編により現在は一〇省庁九三事務）があげられている。

注意すべきは、この別表の提供先には国の行政機関の他、多くの民間機関も含まれていることである（旅行業協会、ホテル・旅館の指定登録機関、地域伝統芸能等の指定認定機関、技術士の指定試験機関、消防法による指定試験機関、建設業監理技術資格者の指定資格証交付機関など）。

また法では本人確認情報を提供できる条件として、別表に掲げる機関から掲げる事務の処理に関し「住民の居住関係の確認のための求めがあったときに限り」とされ、「居住関係の確認」に限定している(三〇条七の三)。しかし、住基法では住民票コードを他の情報と結合しても罰則がないばかりか、システム設計にあたってのQ&Aでは「本人確認情報の受領機関がその目的の範囲内で他のデータを付加してデータベースを構築することは可能」と回答されている(「地方公共団体からのQ&A票一覧」)。法ではあたかもそのつどの確認だけであるかのように読めるが、実際は行政機関が保有する個人情報を結合し、データベースをつくる共通キーコードとして住民票コードを利用することが想定されている。

2――問題多い指定情報処理機関への「丸投げ」

◆「指定情報処理機関」への事務の委任

改正住基法では都道府県が直接国等に本人確認情報を提供することを原則としている。しかし「都道府県知事は、自治大臣の指定する者(=指定情報処理機関)に次に掲げる事務を行わせることができる」(三〇条の一〇)とされ、本人確認情報の提供事務などの委任が認められている。

この指定情報処理機関(全国センター)には、総務省の外郭団体で自治体のコンピュータ化を指導してきた「地方自治情報センター」が（予想どおり）指定された。そしてすべての都道府県がそこに委任することを決定した。したがって都道府県から「地方自治情報センター」の「全国サーバ」に本人確認情報を送信・蓄積し、そこから本人確認情報を国等に提供するシステムになっている。

つまり全国サーバには住基ネット開始段階で全国民の本人確認情報が記録され、次の異動情報が来るまでずっと保存される。次の異動情報が来ても変更前のデータは五年間（海外転出や職権消除の場合最長八〇年）保存され、住民票コードの変更履歴も管理されることになっている。まさに国民総背番号制における中央データセンターである。

「国等」への提供方法は、政令により、⑴電気通信回線を通じて送信する方法（「国等」に端末機を設置し個人情報を検索利用）、⑵本人確認情報を記録した磁気ディスクを送付する方法のいずれかとされている。当初の政令案では、提供方法は都道府県と提供先で協議することが入っていたが、公布された政令では消え指定情報処理機関が選択することになった。

このどちらの方法がプライバシー侵害の可能性が少ないだろうか。⑴の方法では、提供先ではコンピュータ（端末機）で全国民の本人確認情報を自由に検索して見ることができてしまう。省令では見てよい事務は限定されているが、実際はその事務のために見ているのかどうか、便利だからと他の事務で使っていないかどうか、私たちはチェックできない。また⑵の方法では、送付した磁気ディスクに入った本人確認情報をコピーして他の目的に使用していないか、チェックは可能だろうか。

都道府県には本人確認情報の管理責任があるが、指定情報処理機関に丸投げし、国の行政機関や民間法人などの提供先への関与ができずに、その責任がまっとうできるだろうか。私たちの個人情報の管理が市区町村から都道府県へ、そして指定情報処理機関へと遠ざかっていくにつれて、プライバシーが単なる「情報」「モノ」として粗末に扱われていくことは目にみえている。

◆実態は国が管理するシステム

住基ネットのシステム運営主体は都道府県ということになっている。「地方公共団体共同のシステムで国が管理するシステムではないから、国民総背番号制ではない」というのが、自治省―総務省の言い分だった。しかし実態は、総務省と指定情報処理機関＝地方自治情報センターが主導し管理するシステムとなっている。

法第三〇条の一〇では、住基ネットの中心事務である住民票コードの指定・通知・重複調整、本人確認情報の国・法人・市区町村・都道府県への提供を、都道府県は「指定情報処理機関」に委任できることになっている。

さらに法第三〇条の一一で「（指定情報処理機関は）本人確認情報の電算処理（入力・蓄積・編集・加工・修正・更新・検索・消去・出力・その他）に関し必要な技術的助言および情報の提供を行う」「都道府県に必要な協力をする」とされていることを拡大解釈し、指定情報処理機関が「運用体制」の中心に位置づけられ、システム監視・業務プログラム等の配信・コールセンター・ジョブスケジュールの管理実行、という運用管理を行うことになっている。

実際のシステム構築においても、市区町村や都道府県は地方自治情報センターからの指示を待ちそれに沿って進められていた。住民基本台帳事務は自治事務であり市区町村の仕事である。また住基ネットの運用主体は都道府県とされている。しかし市区町村も都道府県も、当事者能力も当事者意識も失っているのが実態である。

このように実質的には指定情報処理機関が住基ネットの主体となり、全国民の本人確認情報を記録保管運用することになっている。しかしプライバシー保護上、この指定情報処理機関には重大な問題がある。

日弁連は二〇〇二年四月二〇日『「行政機関の保有する個人情報の保護に関する法律案」に対する意見書』を出したが、そこでは地方自治情報センターに対して次の二点の問題を指摘している。

(1)地方自治情報センターはあくまで一民間事業者でしかなく、行政機関の保有する個人情報保護法は適用されない。住民基本台帳法で指定情報処理機関の職員に秘密保持義務等は課しているが、単なる秘密保持義務等では個人情報保護の観点からは狭すぎる。特別法による規制が必要。

(2)地方自治情報センターと市区町村との法律関係がなく、自己情報コントロール権が認められていない。データ漏洩事故が発生し住民から問い合わせを受けても、市区町村側は地方自治情報センターに調査も依頼できない。市区町村の権限の法定が必要。

この指定情報処理機関に対して、総務大臣は指定し、役員の選任・解任を認可し、指定情報処理機関の定める「本人確認情報管理規定」を認可し、事業計画・予算も認可し、必要な監督命令ができ、違反した場合は指定取消・停止命令等ができる権限を持っている。それに対して都道府県知事はそれぞれ「意見を言う」ことができる程度で実質的な権限はない。指定情報処理機関は、完全に総務省の管理監督下にある。

住基法が改正された国会では「指定情報処理機関が指示に従わなかった場合に、都道府県の取り得ることは委任をやめること」と答弁されていたが、すべて地方自治情報センターに依存してシステムが作られている中で、この「唯一の権限」の行使を都道府県に求めるのは空論というほかはない。

3——もう一つの危険、都道府県での利用や警察への提供

改正住民基本台帳法では、条例で定めれば本人確認情報を都道府県が独自に利用したり提供することができるとなっている。

第三〇条の八では四つの場合（別表五の事務、条例で定める事務、本人が利用を同意した事務、統計資料の作成）に、都道府県知事は本人確認情報を利用できるとされている。また第三〇条の七では政令や条例により、都道府県の区域内の市町村、他の都道府県、他の都道府県の区域内の市町

村に提供するとされている。この提供は原則として電気通信回線を通じて行うことになっている。都道府県には最低年一回、国等への本人確認情報の提供状況についての報告書の作成・公表が義務づけられているが、これらの都道府県での利用や提供には適用されず、ますます私たちには見えなくなっている。

この都道府県条例による提供について、住基法改正の際の国会審議では警察（公安委員会）へも提供できるかが問題となったが、答弁では提供は可能で、さらに県の公安委員会から国家公安委員会へも目的に沿った提供であれば可能、と答弁されている。*

＊第一四五国会　参議院地方行政警察委員会（一九九九年八月五日）政府委員（鈴木自治省行政局長）答弁

「このシステムにおきましては、都道府県の条例で定めた場合には知事が他の執行機関に本人確認情報、ですから四情報プラス住民票コード及び付随情報、これを提供できることとされております。都道府県公安委員会も一つの執行機関でございますので、条例に定めた場合に限り条例に定める事務の処理のために公安委員会に提供することができると考えております。

この利用につきましては、地方自治の原則に基づきまして条例制定権を尊重しているという考え方でございます。条例の制定に当たりましては地域住民の広い理解が得られるということが重要でありまして、住民の利便向上、福祉の増進などにつながるという住民基本台帳法の趣旨を十分に踏まえた上で慎重に検討されるべきものだと考えております。

それから、県の公安委員会から再提供ということでございますが、具体的イメージがちょっと不明な面もありますが、一般論として申し上げれば、本人確認情報の提供を受けた都道府県の執行機関などの受領者が、その受領者はその本人確認情報の提供を受けた目的のために使うのであって目的外のために使うことはできませんので、受領した本人確認情報を目的外のために利用、提供してはならないというふうに考えております」。

このように、指定情報処理機関を経由せずに、法に規定もない事務に本人確認情報が提供されていくルートができており、ますます自己情報がどこでどう使われているのかわからなくなっている。また身近な行政機関である都道府県で新たに本人確認情報を利用できるようになることが、どのようなプライバシーの問題をもたらすか（今までは把握できなかったような「不正」のチェックとか、センシティブなケースでの無配慮な利用とか）、十分な検討はされていない。

私たち「やぶれっ！住民基本台帳ネットワーク市民行動」では、住基ネットの運用主体である都に「住基ネットへの不参加」「指定情報処理機関への委任の取りやめ」などとともに「公安委員会等への提供禁止」を要望し、見解を求めた。

都の説明では、「公安委員会については捜査情報への利用は国会答弁でできないとなっているが、銃刀法、風営法など許認可事務も多く、他の局での許認可事務とどこが違うか、（提供の是非の）判断のガイドラインがほしい」というものだった。現実には「許認可」のためであれ端末機をおけば、捜査に利用されてもわからない。

また市区町村が条例で提供先を規制することについては「法律では、都道府県は条例を決めれば区市町村が反対しても提供できる。使ってくれるなとは区市町村は言えない」と、否定されている。私たちは市区町村にサービスを受ける目的で個人情報を提供しているが、その利用・提供について市区町村が関与・規制できないのは、自己情報コントロール権の立場からは重大な法の欠陥である。

（原田富弘）

[3] 利便性は誇大宣伝、「ヨコのネットワーク」

自治省―総務省が「住基ネットにより便利になる」と説明しているのは、次の四点である。

1 全国どこの市区町村でも住民票の写しの交付が受けられる
2 引っ越しの際に窓口に行くのが転入時の一回だけですむ
3 国の行政機関等での手続きの際に住民票の写しの提示が不要になる
4 住民基本台帳カードを利用した各種サービス

しかしいずれも、かかる費用やプライバシー侵害の危険性に見合った利便性があるとは言えない。二〇〇〇年一一月、日弁連は住基ネットに関する地方自治体アンケートを行った。全国三二四七市区町村を対象とし一八二四通の回答があった。その中で住基ネットは住民にとってメリットとデメリットのどちらが大きいと考えているか、との問いに対しては、メリットが三四二、デメリットが二一九、どちらとも言えないが一一〇七、わからないが一四一となっている。デメリットと答えた自治体はほとんどがプライバシー侵害の危険を指摘した。また今後住基ネットを進めていくことについては、賛成二八二、反対一一九、どちらとも言えないが一一七八、わからないが二一四という回答になっている。

稼働前のテストを目前に控え自治体の関心の高さがうかがえるが、この段階でも住基ネットの意義について市区町村は懐疑的だった。利便性を本当に考えているのなら、総務省は現場で市民と接する市区町村の疑問にもっと耳を傾け、システムを再検討するべきだろう。

住基ネットを推進してきた政府の本音は住民サービスの向上ではなく、「住民票コード」を付番して共通番号として使うこと、そして住民情報の国家による直接把握にあるというのが、私たちの評価である。

以下、四点それぞれについての「利便性」を検討していくことで、そのことを明らかにしていきたい。

なお今年（二〇〇二年）八月から住基ネットが稼働するというのに、この「ヨコのネットワーク」や住基カードに関する政省令は本稿執筆時点では未制定となっている。したがって、改正住基法で政令に委ねられている事項については、最終的にどのようなシステムになるのか明らかではない（にもかかわらずシステムはどんどん作られている）。このことにも、総務省自身が「利便性」など重視していないことがよくあらわれている。

1——利用が限定される住民票写しの広域交付

◆「住民票写しの広域交付」の流れ

現在、住民票の写しは住民登録をしている市区町村でしかとれない。それを全国どこでもとれるようにする、というのが自治省—総務省の宣伝文句である。

この広域交付では、交付請求できるのは本人か同一世帯に属する者の住民票だけであり、第三者は請求できない。その際、住民基本台帳カードまたは政令で定める書類（運転免許証など）を提示しなければならない。

この「住民票写しの広域交付」の流れは、次のようになっている。

その市区町村に住んでいない人から交付申請を受け付けた交付地市区町村は、コミュニケーションサーバ（CS）を使い申請をした人の住所地の区市町村に住民票情報の送信依頼を送る。

住所地市町村は、コミュニケーションサーバで受けた依頼情報を既存の住基システムに送り、既存の住基システムから住民票発行に必要な八情報を取り出す。そしてコミュニケーションサーバを使い申請を受けた交付地市区町村に八情報を送る。交付地市区町村は、送信を受け住民票の形にして交付をする。

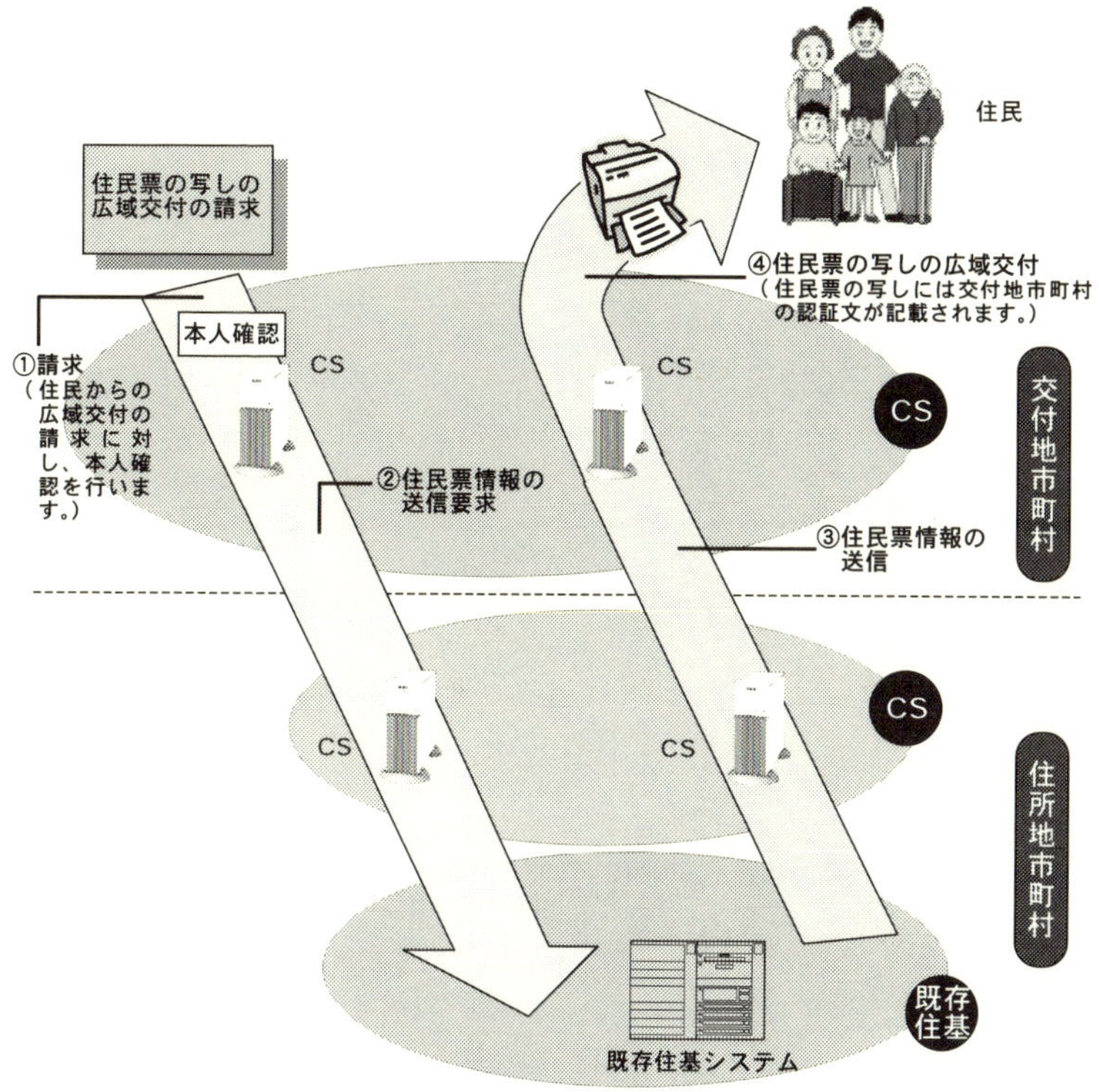
住民
住民票の写しの
広域交付の請求
④住民票の写しの広域交付
（住民票の写しには交付地市町村
の認証文が記載されます。）
本人確認
①請求
（住民からの
広域交付の
請求に対し、本人確認を行います。）
CS
CS
CS
交付地市町村
②住民票情報の
送信要求
③住民票情報の
送信
CS
CS
CS
住所地市町村
既存住基
既存住基システム

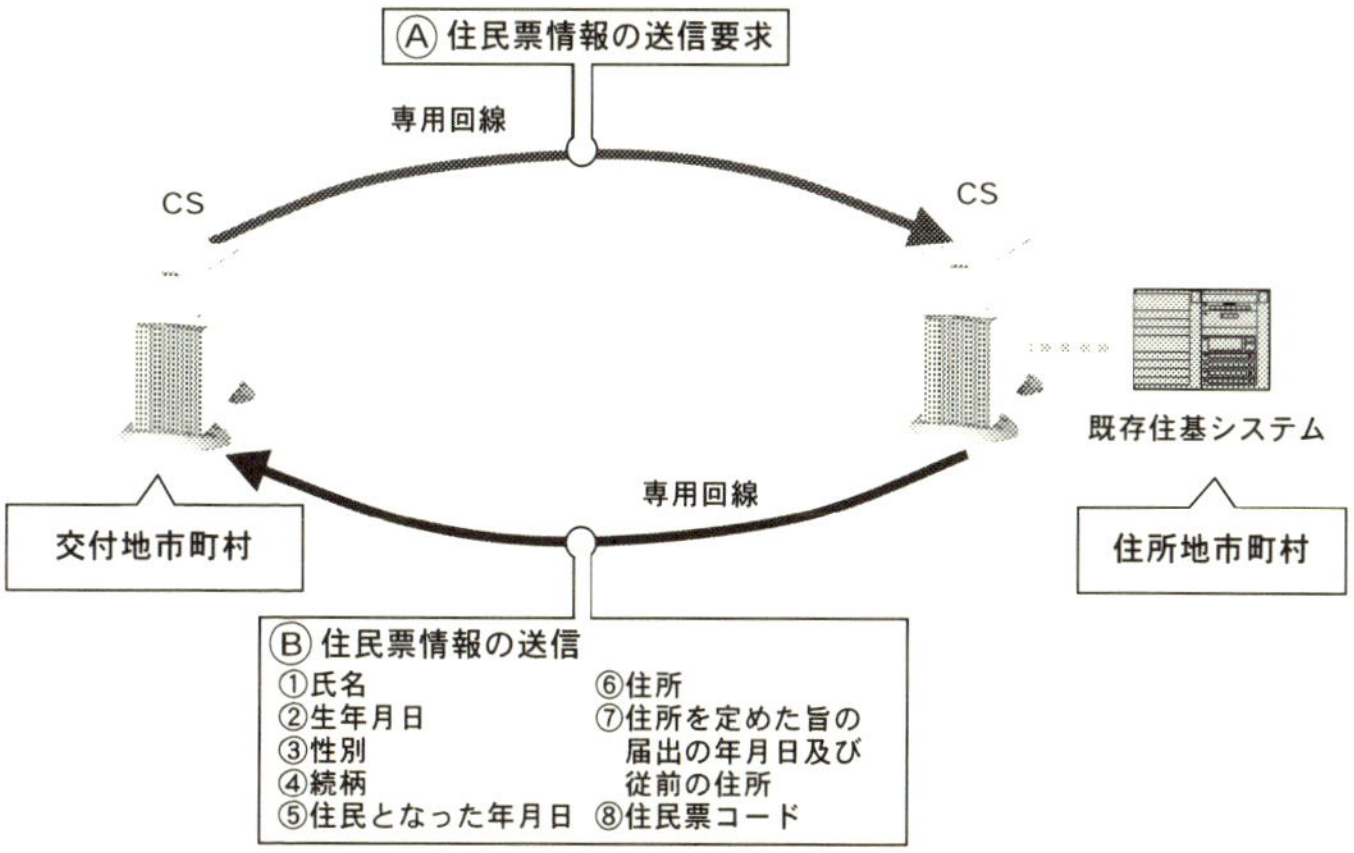
Ⓐ住民票情報の送信要求
専用回線
CS
CS
既存住基システム
専用回線
交付地市町村
住所地市町村
Ⓑ住民票情報の送信
①氏名
②生年月日
③性別
④続柄
⑤住民となった年月日
⑥住所
⑦住所を定めた旨の
届出の年月日及び
従前の住所
⑧住民票コード

◆本籍記載が必要な場合は使えない

広域交付では本籍の記載が省略された住民票の写ししか交付されない。だから運転免許証やパスポートの申請など、本籍の記載が必要とされている手続きでは、広域交付された住民票の写しは使用できず、利用は限定される。本籍の記載を省略した理由として、「戸籍の表示のような住民のプライバシーと密接にかかわる情報について住所地以外の市町村に送信されることは慎重を期すべき」と国会で答弁されているが、後述の転入転出特例処理では本籍も送信されることになっている。

しかも便利にというだけなら、他にもファクシミリで送信しての交付やコンビニ等での取り次ぎサービス、郵送での交付申請など、すでにいくつかの自治体内で行われているもっと安価な方法もあり、広域交付のために費用をかけて大がかりなシステムをつくる理由にはならない。

またプライバシー保護の面からの問題もある。住基法第一二条では「市町村長は、請求が不当な目的によることが明らかなときは、これを拒むことができる」とされ、それは本人からの交付請求でも適用される。各市町村ではそれぞれの歴史的経過や住民の意見を受け、各々の判断で交付を規制している。それが「自治事務」ということである。しかし広域交付になれば、住所地では交付を拒まれた住民票写しが他の市区町村で請求すれば交付される、ということも起こりうる。

今後さらに重大な問題も予想される。住民基本台帳のコンピュータ処理をしていない自治体も少数だがあり、その場合の広域交付は、依頼を受けてその都度必要な情報をCSに直接入力し送信することになっている。しかし今後住民票写しを広域で自動交付することになれば、住基ネットシステムの中（CSの中）に本人確認情報以外の住民票情報も常に記録しておくことが必要になる。「本人確認情報以外は住基ネット内を通過するだけだから、住民票情報は指定情報処理機関や都道府県ではわからない」というのが総務省の説明だが、それが変わっていく可能性は十分ある。

2――今より不便な転入転出の特例処理

◆転入転出特例処理の事務の流れ

もうひとつ、自治省が「便利になる」と説明していたのが、転入転出手続きの「簡素化」である。現在は引っ越す場合、これまで住民登録をしていた市区町村に転出届をし、転出証明書をもらって転入地に持って行き転入届をする、という手続きになっている。

住基ネットが開始されても、この転出転入手続きはそのまま残り、その他に新たに「転入転出の特例処理」が加わる。

この「特例処理」は「住民基本台帳カード」を持っていることが前提になっている。まず今住んでいる市区町村（転出地市区町村）にあらかじめ「付記転出届」を郵送等によりおこなう。転出地市区町村では、その付記転出届をもとに転出証明書情報を作成しておく、

そして転出後、引っ越した先の市区町村（転入地市区町村）に住民基本台帳カードを出して転入届をすると、転出地市区町村に転出証明書情報送信依頼がコミュニケーションサーバを使って送ら

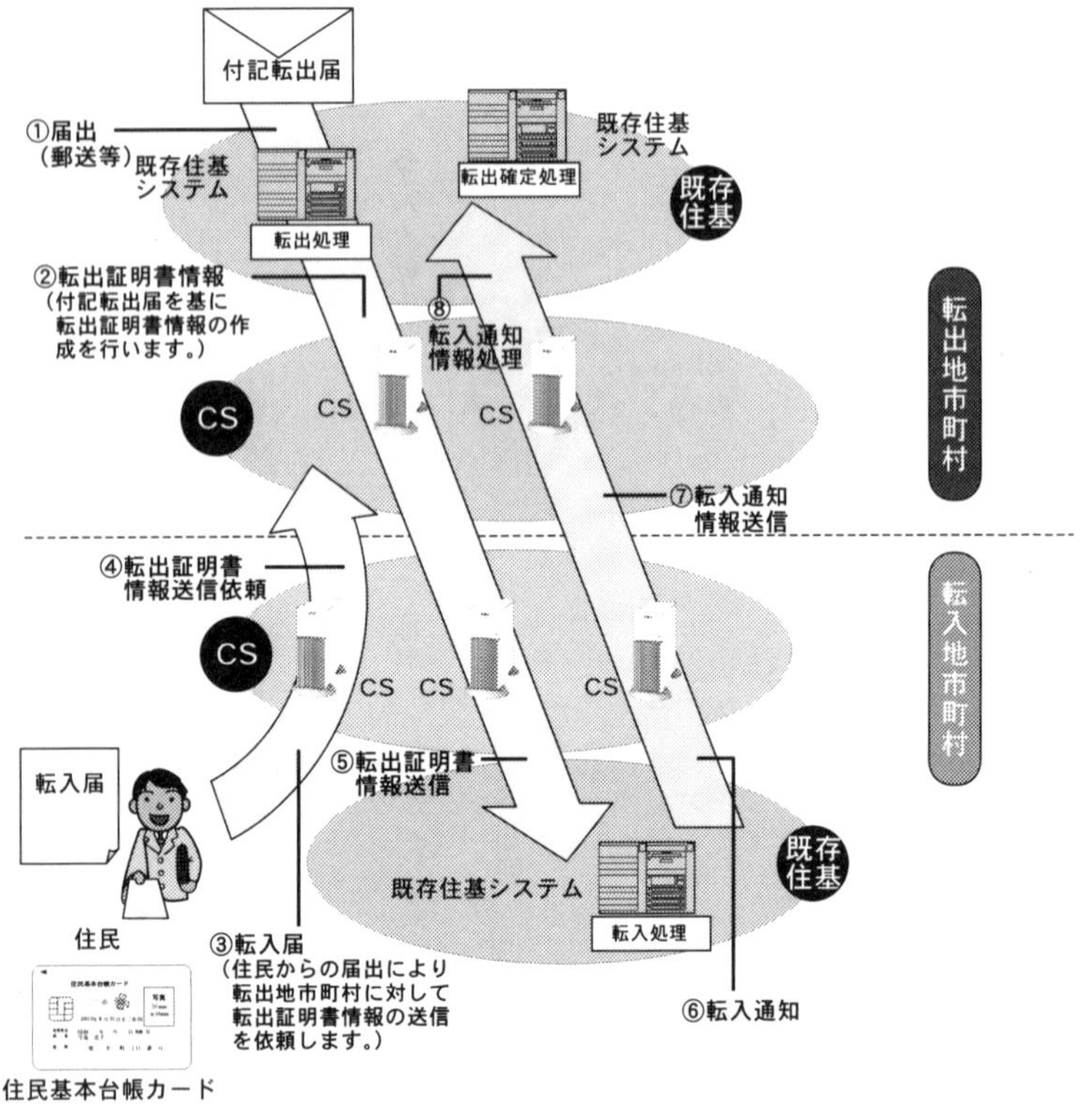
付記転出届
①届出
(郵送等)
既存住基
システム
転出処理
既存住基
システム
転出確定処理
既存
住基
②転出証明書情報
(付記転出届を基に
転出証明書情報の作
成を行います。)
⑧
転入通知
情報処理
CS
CS
CS
転出地市町村
⑦転入通知
情報送信
④転出証明書
情報送信依頼
転入地市町村
CS
CS
CS
CS
転入届
⑤転出証明書
情報送信
既存
住基
既存住基システム
転入処理
住民
③転入届
(住民からの届出により
転出地市町村に対して
転出証明書情報の送信
を依頼します。)
⑥転入通知
住民基本台帳カード

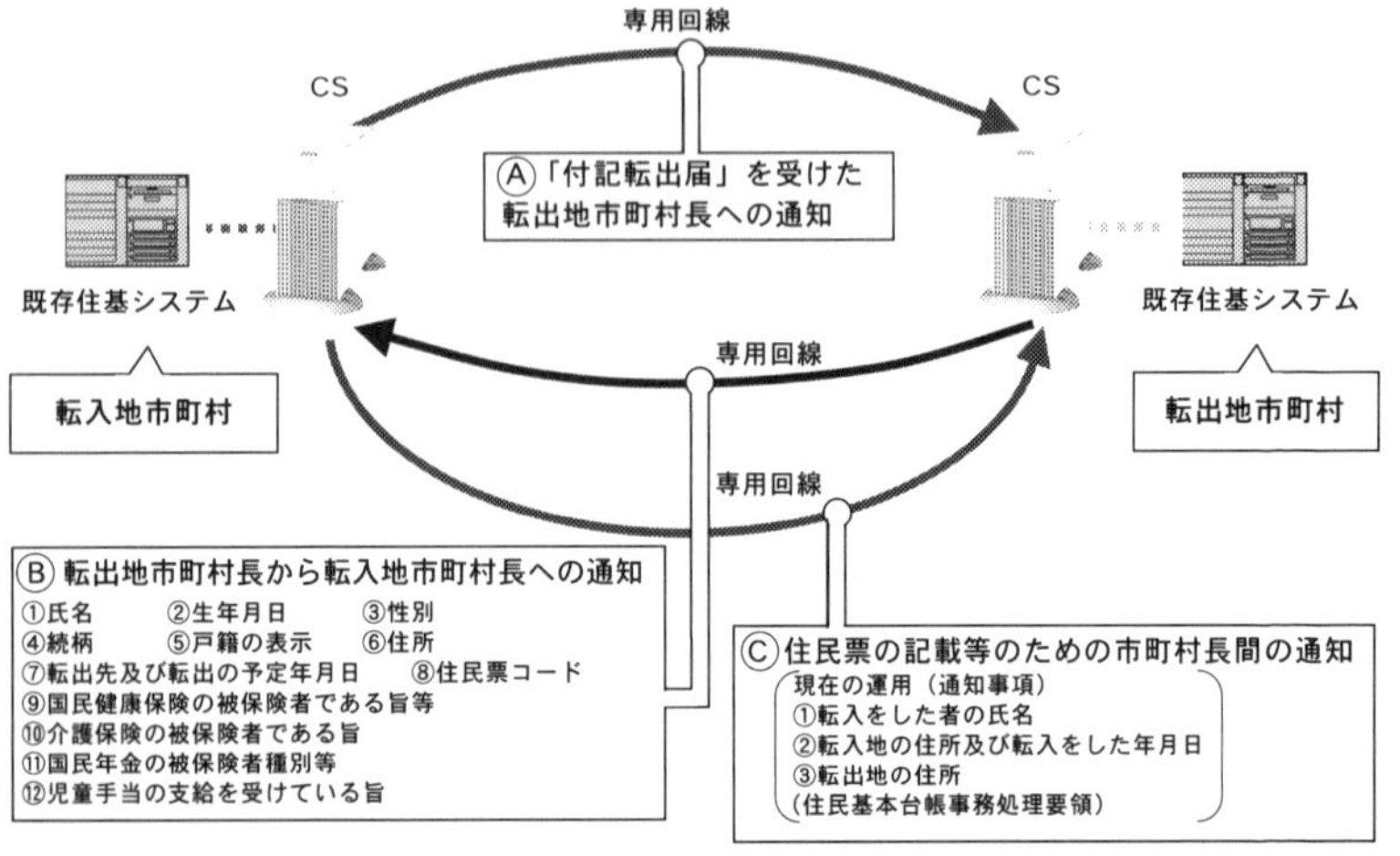
専用回線
CS
CS
Ⓐ「付記転出届」を受けた
転出地市町村長への通知
既存住基システム
既存住基システム
専用回線
転入地市町村
転出地市町村
専用回線
Ⓑ転出地市町村長から転入地市町村長への通知
①氏名 ②生年月日 ③性別
④続柄 ⑤戸籍の表示 ⑥住所
⑦転出先及び転出の予定年月日 ⑧住民票コード
⑨国民健康保険の被保険者である旨等
⑩介護保険の被保険者である旨
⑪国民年金の被保険者種別等
⑫児童手当の支給を受けている旨
Ⓒ住民票の記載等のための市町村長間の通知
現在の運用(通知事項)
①転入をした者の氏名
②転入地の住所及び転入をした年月日
③転出地の住所
(住民基本台帳事務処理要領)

れる。転出地市区町村では、送信依頼を受け既存の住基システムから必要な一二情報を取り出し、転入地に送信する（この中には本籍情報が含まれる）。これによって新しい住所地での転入届が完了し、転入通知情報（転入届処理が終わったという情報）を転出地市区町村に送信し、転出確定処理をする、という流れになっている。

◆誤解を招く誇大宣伝

「転入地市区町村の窓口に一回行くだけで手続きがすむから便利」と自治省―総務省は言うのだが、一見しても現行より手続きがわかりにくく、便利な感じはしない。

そして実際に、現行より不便なのである。

まず現在でも転出届は、窓口に行かなくても郵送で手続きすることが認められている。つまり「転入地市区町村の窓口に一回行くだけ」ですませられるのである。

また転入転出は三～四月に集中するが、現在なら転出証明書を見てその場で受け付けられたものが、特例処理ではまず転出地市区町村にデータの送信を依頼しなくてはならず（いそがしいと端末機の奪い合いに?）、転出地も繁忙期だから送信も遅れ、その送信がくるまで待ってもらうしかない、という事態が起こる。「便利になるといわれたのに通常の転入処理より待たされるなんて」と怒りたくもなろう。

しかもこの転出入特例処理は、転出予定日から三〇日以内に転入届しないと適用されないことになっている。引っ越しが遅れた場合など、特例処理をあてにして転出証明書を持たずに転入手続きに行って断られ、改めて「転出地市町村に行って転出証明書をもらってきてください」といわれることになる。

その上「転入転出の特例処理」では「住民基本台帳カード」の扱いが問題になる。このカードは有料で交付される予定だが、法律では転出すると元の市区町村に返すことになっている。つまり引っ越した後に、わざわざ返しに戻ってこなくてはならない。* 転出先の市区町村に返納すればよいという扱いにするようだが、法律の規定とは矛盾する。

＊住基法第三〇条の四四第六項「住民基本台帳カードの交付を受けている者は、転出をする場合その他の政令で定める場合には、政令で定めるところにより、当該住民基本台帳カードを、当該住民基本台帳カードを交付した市町村長に返納しなければならない」（傍点引用者）。

住基ネットシステムを作るにあたり、自治体からの問い合わせに答える「Q＆A票一覧」が作られているが、そこには現場担当者からの疑問がさまざま寄せられている。そのなかで転出入特例については、いかにも起こりそうな問題が指摘されている。たとえば「転出予定者が予定地に転入しない場合?」「なんらかの事情でカードが失効したことを知らずに付記転出届を送って転入手続きに行った場合?」「転入届を行う前に住基カードの有効期間が切れた場合?」「郵送した付記転出届が到着する前に引越し先に転入届をした場合?」など。

これらへの回答は、いずれも「特例処理では受けられない（転出元の市区町村に戻って改めて転出届を）」「今後検討していく」といったものになっている。また転出時の国民健康保険料の滞納処理や介護保険の受給者証明書発行など他の事務との関係も今後の検討となっている。このような問題の解決策は、住基法を改正する前に検討しておくべきことだろう。

「転入届一回だけで手続きがすむ」という宣伝文句と実態の違いは大きい。「Q＆A票一覧」には「転入転出特例について誤解を招く報道が多かったことから、窓口でのトラブルが予想される。適切なPRをお願いする」という、誇大宣伝をしている総務省への自治体担当者の要望（怒り？）ものっている。

（原田富弘）

[4] 住民票添付の省略でプライバシー侵害のリスク

1――住民票写しの添付等の省略でサービス向上？

総務省は、恩給、年金などの現況証明や各種資格の申請時の住民票の写しの添付等が省略できるから、住民負担の軽減になると宣伝している。住民票の写しの添付等が不要になるのは、本人確認情報がその事務に提供されるようになるからである。

しかし負担軽減を考えるのなら、そもそも現在住民票の添付・提示を求めている事務について、その必要があるか検討することが先だろう。たとえば自治省が住民票添付は不要になると宣伝していた国民年金の毎年の現況届では、はがきを送るだけで添付はすでに不要になっている。

住民票添付が不要になる、とされるのは、改正住民基本台帳法の別表に掲げられた一〇省庁九三事務である。それらは「継続的に行われる給付行政」と「資格付与に関する行政事務」に分けられ

表 1　給付行政に関する事例

国の行政機関等	事　務　内　容
総務省	・恩給等の支給(恩給法等)
国家公務員共済組合連合会、地方公務員共済組合等	・共済年金の支給(国家公務員共済組合法、地方公務員等共済組合法等)
厚生労働省	・戦傷病者遺族に係わる遺族年金等の支給(戦傷病者戦没者遺族等援護法) ・業務災害・通勤災害に関する保険給付(労働者災害補償保険法) ・求職者給付等の支給(雇用保険法)
人事院等	・公務災害・通勤災害に対する補償(国家公務員災害補償法等)
都道府県知事	・児童扶養手当の支給(児童扶養手当法)

表 2　資格付与に関する事例

国の行政機関等	事　務　内　容
総務省	・無線局の許可(電波法)
国土交通省	・不動産鑑定士の登録(不動産の鑑定評価に関する法律) ・第一種旅行業の登録(旅行業法)
国土交通省または都道府県知事	・建設業の許可(建設業法) ・宅地建物取引業の免許(宅地建物取引業法) ・建築士の免許(建築士法)
気象庁	・気象予報士の登録(気象業務法)
都道府県知事	・一般旅券の記載事項の訂正等(旅券法)
都道府県知事	・宅地建物取引主任者資格の登録(宅地建物取引業法)
市町村の選挙管理委員会等	・同一都道府県の区域内に住所を移した者の当該都道府県の選挙の選挙権の確認(公職選挙法)

る。

「継続的に行われる給付行政」としては、恩給や共済年金、戦傷病者遺族年金の支給、業務災害の保険給付、児童扶養手当の支給、などがあげられている。また「資格付与に関する行政事務」では、無線局開設、不動産鑑定士や第一種旅行業の登録、建築士の免許、浄化槽整備士免状の交付、危険物取扱者や消防整備士の試験、作業環境測定士の登録、気象予報士の登録、宅地建物取扱主任者資格の登録、などがあげられている。

たしかにわざわざ市区町村窓口に行かなくてすみ便利になった、と感じる場合はあるだろう。しかし資格付与に関するものなど、一生に何回この手続きをすることがあるだろうか。プライバシー漏洩の危険を避けるためには住民票を取る程度の手間はかまわない、と思う人も多いだろう。

資格付与にしても給付にしても対象者は限定されており、その手続きをすることと「受益」の関係ははっきりしている。その限定された受益のために多額の税金を投入するコストとサービスの関係についての検討もされてはいない。

また申請窓口での本人確認の仕方は、住民票コードの記入、住民基本台帳カード、住所・氏名・性別・年齢からの検索、そして運転免許証提示のいずれでもできるとなっている。住所氏名等からの検索や運転免許証の提示でよいのなら、わざわざ住民票コードを付番したり住民基本台帳カードを作ったりする必要はない。カードやコードのほうが迅速簡便に確認できるから、と説明されているが、本人確認を越えた意図があると疑わざるをえない。

2——増大するプライバシー漏洩の危険性

◆認められている目的外利用や外部提供

提供が認められている「一〇省庁九三事務」なら自由に本人確認情報を使ってよいというわけではない。総務省令で定める用途に限定されるが、その総務省令が二〇〇二年二月に出された。たしかに現在は事務が給付事務や資格付与であるため、用途はたとえば「届け出の事実の確認」「生存の事実や住所氏名変更の確認」等具体的ではある。しかし今後対象事務が拡大すると、たとえば「〇〇の事務に関すること」といった曖昧な表現になっていくかもしれない。

たとえ法令でどう利用を限定しても、端末機の画面で全国民が検索できれば、定められた事務以外に利用されても私たちにはわからない。

そもそも堂々と目的外利用や外部提供される可能性も否定できない。改正住基法三〇条の三四では、本人確認情報の受領者が、当該事務の処理に必要な範囲内なら目的外利用したり他の機関に提供することを認めている。*

*住基法第三〇条の三四　受領者は、その者が処理する事務であつてこの法律の定めるところにより当該事務の処理に関し本人確認情報の提供を求めることができることとされているものの遂行に必要な範囲内で、受領した本人確認情報を利用し、又は提供するものとし、当該事務の処理以外の目的のために受領した本人確認情報の全部又は一部を利用し、又は提供してはならない。

また現行の行政機関の個人情報保護法でも、個人情報ファイルの保有機関の長には、たとえば「所掌事務の遂行に必要な限度で処理情報を内部で利用する場合であつて、当該処理情報を利用することについて相当な理由のあるとき」には目的外利用が認められている。

結局、提供を受けた機関の判断に任されてしまっているのである。

◆拡大される本人確認情報の利用

住基法改正にあたり衆議院地方行政委員会（一九九九年六月一一日）で全会一致採択された附帯決議では「国の機関等による住民基本台帳ネットワークシステムの利用目的を厳格に審査するとともに、定期的に利用状況を検証すること。また、システム利用の安易な拡大を図らないこと」と求められていた。*

ところが平成一二年九月に出された住基ネットシステムの基本設計書では、基本方針として「システムの将来性と拡張性に配慮したシステム構築」「本ネットワークシステムは……現時点のサービスだけでなく、将来的に新たなサービスが提供される基盤として利用されることが考えられる。このため、将来のシステム拡張に配慮した拡張性の高いシステム構築を行う」とされた。国会決議を無視して「安易な拡大」ができるシステムをつくることが方針とされたわけである。

住民基本台帳法の一部を改正する法律案に対する附帯決議

＊第一四五国会衆議院地方行政委員会（一九九九年六月一一日）で、自由民主党・公明党・自由党が共同提案し、全会一致で決定

政府は、本法の施行に当たり、次の諸点について善処すべきである。

一　政令及び省令の制定並びに法の運用に当たっては、国会審議で論議されたプライバシー保護に

関する意見及び地方公共団体の意見を十分尊重し、その業務に支障を来すことのないよう配慮するとともに、地域住民が制度の趣旨を十分理解できるよう徹底を図ること。

二　住民基本台帳ネットワークシステムの導入に当たっては、データ保護及びコンピュータ・セキュリティの確保等について徹底した管理に努め、責任体制を明確化する等、プライバシー保護に十全の措置を講ずることにより、住民が信頼するに足りる制度の確立を図ること。

三　住民基本台帳ネットワークシステムの導入及び管理運営に要する経費について、地方公共団体に対し、必要な財政措置を講ずること。

四　住民基本台帳カードの保持及び利用に当たっては、住民意思による交付の原則を貫き、カード所有の有無によって行政サービスの内容等に差異が生じることのないよう十分留意すること。

五　国の機関等による住民基本台帳ネットワークシステムの利用目的を厳格に審査するとともに、定期的に利用状況を検証すること。また、システム利用の安易な拡大を図らないこと。

右決議する。

さらに二〇〇二年一月二四日、総務省はまだ住基ネットが実施されてもいないにもかかわらず、住基法別表を改正し本人確認情報の提供利用事務を追加する案を自治体に明らかにした。二月二〇日にまとめられた別表の改正案では、利用事務にパスポートの発給や不動産の登記、自動車の登録など一七一事務を新たに加えようとしている。

その理由として、電子政府をめざした「行政手続等における情報通信の技術の利用に関する法律案」およびその「整備法案」において、原則としてすべての行政手続をオンラインで可能とするための法整備が行われようとしているために、それにあわせて住民票の写し等の添付の省略を可能にすると説明されている。

この提供機関には、あらたに多くの民間法人が追加されている。当初案にあった日本たばこ産業株式会社や日本司法書士連合会、日本土地家屋調査士会連合会、全国社会保険労務士連合会などは、自治体からの「本人確認情報の提供先としては不適当」との意見を受けて削除されたものの、商品先物取引協会や自動車事故対策センター、マンション管理士の指定登録機関などが追加された。民間利用を積極的に進めようとする総務省の姿勢がうかがえる。

また現在本籍を記載した住民票の写しの添付が必要とされているパスポートの申請も追加されている。「戸籍表示の必要性について再検討する予定なので本人確認情報に本籍や続柄を追加しようとするものではない」との説明がされているが、戸籍謄本の添付はひきつづき必要とされる。

今回の追加事務は、現行の提供事務と同様に給付事務と資格付与事務に限定したとされているが、その理由として総務省は「改正住民基本台帳法の施行前での改正となることに鑑み」と述べている。逆にいえば、施行後は給付や資格付与以外に拡大するということになる。

提供機関が増えれば、それだけ漏洩する危険性も高まっていく。住基ネット問題を追究してきた小谷洋之氏は「たとえば自動車の登録では多くの場合ディーラーなどに代行してもらうが、そうすると住民票コードが民間に漏れるルートができてしまう。またNシステムとリンクさせ登録の際に利用した住民票コードと車のナンバーをデータマッチングさせれば、移動監視の精度が飛躍的に向上する。あるいは逆にナンバーから住民票コードを検索し、他のデータを検索できるようになる。たかが住民票添付の省略というメリットの割に、これだけのリスクを負わなければならないのだ」と指摘している（『週刊プレイボーイ』二〇〇二年六月四日号）。

3——利便性向上が目的なら「送信拒否権」の保障を

利便性の向上が住基ネットの目的だというのなら、最低限、利用するかどうかの選択が保障されなければならない。仮に住民票添付が不要になることを便利に感じる人が多いとしても、プライバシー侵害のリスクを減らしたいから従来どおり住民票を添付するので本人確認情報の利用はやめてくれ、という人の選択肢が保障されていなければ、便利になったとはいえない。

個人情報保護においては、「オプトイン」「オプトアウト」という言葉がある。「オプトイン」とは、本人が提供を承諾した場合だけその人の個人情報を使うことができるということで、「オプトアウト」とは本人が承諾しない場合はその人の個人情報を利用できない、という考え方だ。よく申し込み書などの下に「あなたの個人情報を××に利用することを承諾しますか」などとあるのがそれである。

住基ネットにあてはめれば、本人が承諾した場合だけ本人確認情報を送信するのが「オプトイン」で、本人が送信を拒否した場合は送信しないのが「オプトアウト」ということになる。

住基ネットによる利便性としては、住民票写しの広域交付と転入転出の簡素化と住民票添付が不要になること、の三点が説明されている。したがって

・住民票写しの広域交付は利用しない（住所地の窓口に行くか郵送申請を利用）
・転出転入のときは、転出証明書を持っていく（その方が早くて確実）
・手続きの際は住民票写しを添付する（どうせ他の書類で役所にいくから）

という人は住基ネットによるメリットはなく、プライバシー侵害のリスクだけがある、ということになる。そういう人にも本人確認情報の送信を強制することは、住基ネットの目的が住民負担の軽減・住民サービスの向上にある、という説明と矛盾する。少なくともそういう人の「送信拒否権（あるいはそもそも住民票コードの付番の拒否権）」というオプトアウトが保障されなければ、利便性向上のためとはいえない。

いったい住基ネットは住民負担の軽減・住民サービスの向上のためのシステムなのか、それとも個人情報の強制的な国家への提供システムなのか、それは「送信拒否権」を認めるかどうかで判断できるのではないか。

（原田富弘）

【5】住民基本台帳カードとは？

◆法律では何も決まっていない住民基本台帳カード

「住民基本台帳カード（住基カード）」の発行は、住基ネットの大きな目玉のひとつになっている。改正住基法が成立して以降、住基カードをＩＣカードとすることを前提に、さまざまな利用計画が一斉に報道された。健康保険証、介護保険証、公共施設利用、電子認証、さらに交通機関利用や金融決済、病歴管理……等々。

ＩＣカード（Integrated Circuit Card）とは、内部にＩＣ（集積回路）を組み込んだカードである。ＩＣのなかでも、特に演算・制御機能のあるＣＰＵ（中央処理装置）を組み込んだものを、スマートカードという。内蔵するメモリーは磁気カードに比べ記憶容量が格段に大きく、セキュリティ機能も組み込めるとされている。

しかし、住基カードをＩＣカードにすることは、法律で決まっているわけではない。改正住基法が住基カードについて規定しているのは、第三〇条の四四だけで、概略次のようなことを定めているに過ぎない。

・カードには、住民基本台帳に記載された氏名・住民票コードその他が記録される。
・住民は、住民登録地の市町村長にカードの交付を求めることができる。
・市町村長は、申請があればカードを交付しなければならない。
・カードを紛失したときは、交付した市町村長に届け出なければならない。
・転出する場合等は、カードを交付した市町村に返納しなければならない。
・市町村は、カードを条例の定めにより利用することができる。

住基カードに関する「氏名・住民票コード以外の記録事項」「カードの様式その他必要な事項」「交付申請書の記載内容」「交付の方法」「返納の方法」「再交付や記載事項に異動があった場合の手続きその他必要な事項」など、肝心な内容は、すべて政令や総務省令に委任されている。これでは法律で何も決まっていないのも同然である。住基カードのあり方は、住民票コードや本人確認情報の取り扱いにもまして、総務省官僚の意のままに決められる仕組みとなっている。政省令がまだ出されていないにもかかわらず、ICカードの導入を前提にして、住基ネットのシステム作りはどんどん進められている。法律の条文を読む限りは、プラスチック・カードでもよいはずなのだが……。

◆想定される住基カードの仕様

国会審議のなかで住基カードは、次のように説明された。

住民票コードなどの本人確認情報や暗証番号を記録するため、セキュリティ機能の高いICカードの利用を予定している。記憶容量は八〇〇〇字ぐらい（新聞一面程度）を想定している。そのうち半分程度の領域に本人確認情報と暗証番号を暗号化して記録し、残りの領域は各市町村が独自に条例で定めて利用する。ICカードの単価は、人口一万人規模の自治体で一〇〇〇円ぐらいと試算。費用は住民負担である。

住民基本台帳ネットワークシステムの基本設計書や政省令案で予定されている住基カードの仕様は、次のとおりである。

カードの仕様は、八bit以上の仕様をもつCPU付きのICカードで、記憶容量は、住基ネットで利用する領域として三KB以上、各市町村が条例により独自利用する領域として八KB以上の容量としている。

住基ネットで使用する領域に記録する情報は、住民票コード、氏名、生年月日、性別、カードの有効期限、四桁のパスワード、公開鍵暗号方式に対応したカード固有の鍵情報、の七情報とされたが、その後、希望者には住所も記録することとなった。

カードの表面デザインは、Aバージョン（氏名、カードの有効期限、交付地市町村名）とBバージョン（氏名、カードの有効期限、交付地市町村名、生年月日、性別、住所、写真）の二種類が用

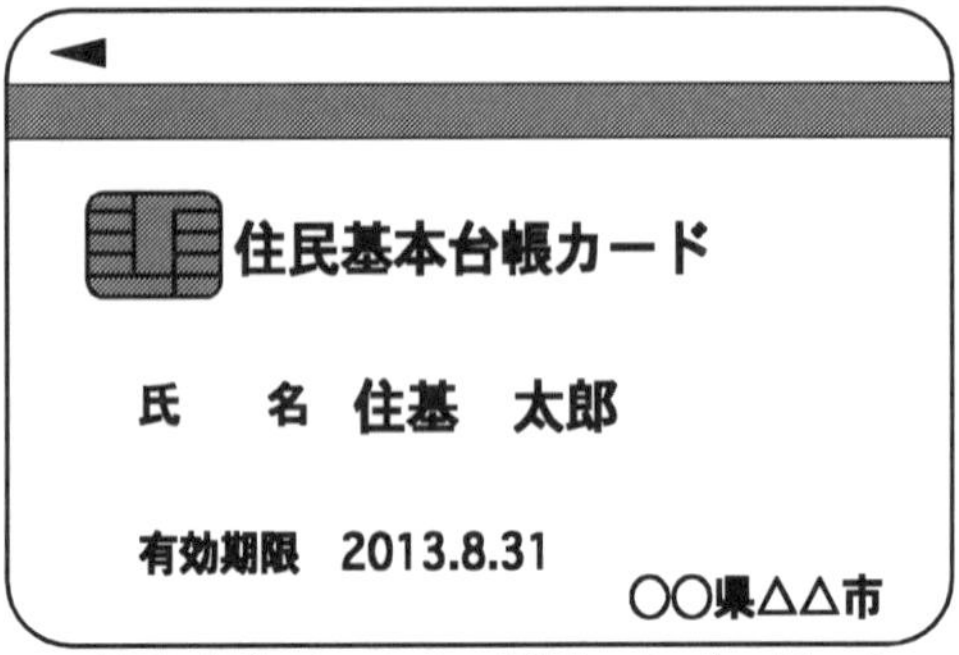

表面デザインイメージ例：Aバージョン

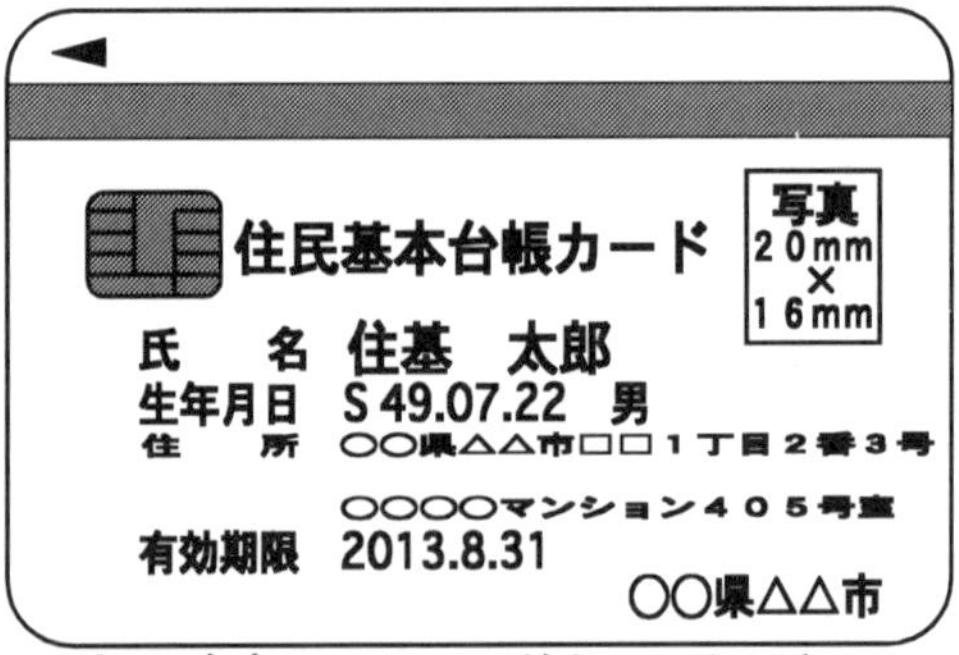

表面デザインイメージ例：Bバージョン

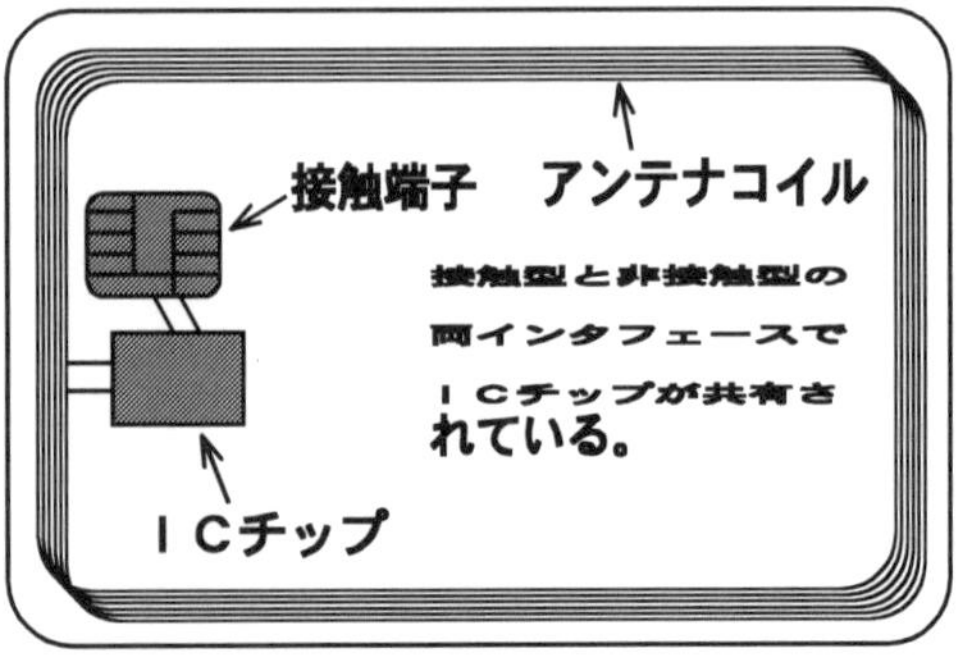

接触／非接触共用型カードイメージ

意され、申請者がどちらにするかを選ぶことができる。

カードの有効期限は一〇年間。ただし、写真付きのBバージョンを希望する未成年者の有効期限は五年間としている。

◆市町村条例で拡大する用途

住民基本台帳カードは何に使うのか。改正住基法が定める住基カードの使い途は、次の三つだけである。

1 住民票の写しの広域交付を請求する際の本人確認（第一二条の二）
2 転入転出届出の特例手続き（第二四条の二）
3 各市町村が独自に条例で定める事務（第三〇条の四四）

前述の健康保険証や介護保険証、電子認証などに利用するためには、すべて法改正が必要となる。しかし、そこには「抜け道」がある。それは「市町村の条例による利用」である。

総務省内に設置された「住民基本台帳カードの利用方法研究会」は、二〇〇一年九月、『住民基本台帳カードの利活用について――利用の基本的考え方とその運用管理――』という報告書を出している。そこではICカードの導入を前提に、本人確認情報を記録した残りの領域を公共施設利用、市民大学等の受講証、保健医療福祉関係の健康診断情報や高齢者の福祉サービス利用者証、商店街のポイントサービスなどに活用することが例示され、空き領域にアプリケーションソフトを搭載することがＩＣカード利用の要件とされている。そして、市町村の部局間の連携を図る利用と、近隣の市町村との連携を図る広域利用が強調されている。

また、二〇〇一年三月、政府のe-Japan計画により内閣府に設置された「公的分野におけるＩＣカードの普及に関する関係府省連絡会議」は「行政機関が発行するＩＣカードに関して、運転免許証等国際的な検討の対象となっているものを除き、一枚化を図ることが可能となるような共通の仕様とする」申し合わせを行うとともに、経済産業省の「ＩＴ装備都市研究事業」との連携を踏まえて、市町村の利用を検討するよう求めている。

そうなれば、事実上、全国で統一した仕様となり、広域利用・多目的利用が可能なカードになってしまう。

住基ネットを中心的に推進してきた百崎英氏（元自治省事務次官）は、自治体向けの講演で、住基ネットの今後の課題として第一に利用事務の拡大を挙げた。すなわち、さしあたりできることとして、市町村で住基カードの利用を条例で決める際に、できるだけ広域的に連携できるようにすること、いろいろな情報を盛り込めるようにすること、そうすることで将来の住基法再改正につなげていってほしい、と述べた。

広域・多目的利用をめざす動きに警戒が必要だ。

◆住基カードで本人確認はできない

改正住基法に定められた住基カードの使い途は、前述した三つだけである。ところが自治省（現総務省）は、法律に何ら規定がないにもかかわらず、カードを「厳格な本人確認手段」と位置付けている（第一四五回国会参議院地方行政・警察委員会会議録第一八号、八田ひろ子議員の質問に対する鈴木自治省行政局長の回答）。

繰り返しになるが、住基法の目的は「居住関係の公証」である（第一条）。「誰がどこに住んでいるか」を証明することであって、「目の前にいる人がどこの誰か」を証明することは法律の目的ではない。そもそも原理的に、目の前にいる人が住民票に記載されている者本人であることを確認することは不可能である。

住基カードの交付について政省令案は、カード交付通知を申請者に郵送して、市町村窓口でカード交付通知と引き換えにカードを交付するとし、パスポートや運転免許証等の提示があれば即日交付も可能としている。このやり方は、市町村が行っている印鑑登録制度と同様の対応だが、現実には虚偽の印鑑登録が後を絶たない。

もし、他人が本人と偽って住基カードの交付申請を行い、これを見過ごしてカードを発行してしまったら、どうなるのか。カードを信用して金を騙し取られた人が、市町村を相手に損害賠償請求の訴えを起こすおそれは充分にある。

そのための対処として市町村が交付したカードの無効を告示するなどの規定があるが、総務省の案文は「交付市町村長は、錯誤に基づき、又は過失により、カードを交付した場合においてカードの返納を求めることができる」となっている。あらかじめ錯誤や過失を認めて告示したのでは、市町村がどんなに弁明しても勝ち目はない。

一方、改正住基法には、住基カードを虚偽申請したり、カードを改竄したりした場合の罰則規定がない。

後述する公的個人認証サービスとの関係で、「本人確認」に伴う被害額の増大が予想されるため、あらかじめ損害賠償額の上限を設けよう、という議論があるが、本末転倒である。

住基カードを「身分証明書」として使いたい住民の期待。法律に明記しないままカードを「本人確認手段」として利用しようとする総務省。そして、住基法の目的とかけ離れた「本人確認事務」を押しつけられる市町村。溝は深まるばかりである。

◆法的根拠のない顔写真登録

住基カードのBバージョンは写真付きだが、写真を載せることは改正住基法には規定がない。カードの様式や表面記載事項については、総務省令に委任されているのだ。住基ネットの基本設計書によると、「スキャナ等を用いてカード発行に必要な顔写真情報を取り込み、システムに登録する」となっている。つまり、法的根拠のないまま、顔写真のデジタル情報登録制度が導入されようとしているのだ。

デジタル化した顔写真の「メリット」は、顔の位置関係や、目・鼻・口などのパーツの特徴をデータ化して、あらかじめ登録したデータと瞬時に照合する顔貌認識システムを導入しやすい点にある(『週刊プレイボーイ』二〇〇二年六月一八日号)。

たとえば「防犯上」「治安悪化」を口実に、市町村が「安全な街づくり条例」などを制定し、住基カードの写真データベースを、地元警察の監視カメラと結び付け、顔貌認識システムを導入したら、たちまち人間監視システムのできあがりだ。

さらにカードに関連して、住基ネットの基本設計書では、改正住基法にも政省令案にも載っていないもうひとつの情報が送信され、蓄積されることになっているようだ。それが「住基カードセキュリティ情報」である。本人確認六情報だけがネットワークを流通して都道府県サーバや全国サーバに蓄積される、というこれまでの説明はウソだったようである。またひとつ、総務省のデタラメさが明らかになった。

顔写真登録や、住基カードセキュリティ情報の存在は、住基ネットの導入が、ずさんな法令をも無視し、システム開発を再優先させて行われてきた証左である。法令に定めのない事務を行わない・行わせない取り組みが必要だ。

◆非接触型のICカードで動態管理

住基ネットの基本設計書によると、ICカードの記録の読み書きは、接触/非接触共用型カードを想定している。

接触型カードは、カードを読み取り機に差し込まないと、データの読み書きができない。

一方、非接触型カードは、カード内部にアンテナコイルを持ち、読み取り機からの電波を電力に変換してＩＣを起動し、データ交信用の電波を発生させるカードである。ＪＲ東日本の「Suica」は、発信電波が弱いので、読み取り機にかざさないとデータを読み取れないが、高級ブランドの時計や鞄に付けられた万引き防止用のＩＣタグは、数メートルの間口でも電波を発信し、アラームを鳴らすことができる。

非接触型の機能をもつ住基カードは、読み取り機に通さなくてもデータの読み取りや、書き換えができる。これは、動態管理をいっそう効率化し、動態監視を可能にするものだ。

総務省は、赤ちゃんや痴呆老人などの行為無能力者についても、保護者や後見人が代理でカード申請できる、と説明している。しかし、住民票の広域交付と、転出転入届けの特例手続きという、行為能力を必要とする目的にしか使わないカードを、どうして行為無能力者にもたせる必要があるのか。

「希望者だけ」だったカードの交付が、やがて「持つと便利」になり「全員交付」になり、ついには「常時携帯義務」が課せられる。社会のあらゆる場面でカードの提示を求められ、街のあちこちに設置されたカード読み取り機のそばを通過するたびにデータが読み取られ、蓄積される。蓄積されたデータは住民票コードで名寄せされ、「ゆりかごから墓場まで」日常生活のすべてが動態監視される社会になるのは必至だ。

◆総務省が狙うさらなるカードの利用拡大

「二一世紀の花形産業」ともてはやされたICカードも、次第に携帯電話に取って代わられる運命だそうだ（『週刊プレイボーイ』二〇〇二年六月一一日号）。携帯電話が隆盛なのは「決済・個人認証システム」のインフラが整いつつあるからだ、という。総務省は、ICカードの復権に懸命だ。

総務大臣の諮問機関である情報通信審議会は、ICカードに関する規制緩和を答申に盛り込む見通しで、総務省は、ICカードを導入する業者に対する無線免許の取得義務を撤廃する関係政省令の改正作業に入り、七月を目途に実施する、という（『日本経済新聞』二〇〇二年三月六日付）。

また、総務省は大手通信事業者や家電メーカーと共同で、非接触型のICカードを携帯電話やパソコン、携帯情報端末（PDA）にかざすだけで、カード所有者が利用したものとして認証され、料金もカード所有者の口座から自動的に引き落とされるシステムをつくる、という（『日本経済新聞』二〇〇二年五月三日付）。

さらに、後述するいわゆる電子署名認証業務法案では、公的個人認証サービスで用いる秘密鍵（署名符号）・公開鍵（署名検証符号）の記録媒体として、住基カードを定めている（第三条第四項）。こうなると、説明されてきた住基カードのあり方そのものが、大きく変質するおそれが出てきた。

二〇〇二年八月には、住民票コードとネットワークが稼働し、国民総背番号制＝静態管理が始まる。それを動態管理そして動態監視へと成長させないためには、二〇〇三年八月に交付が予定されている住基カードの利用規制が重要な鍵となる。

（井上和彦）

［参考文献］

練馬区改正住民基本台帳法問題研究会『改正住民基本台帳法資料集』ほんコミニケート編集室、二〇〇〇年。

佐藤文明『個人情報を守るために』緑風出版、二〇〇一年。

江原昇『住基台帳ネットシステムの現状』「国民総背番号制＝住基ネット」に反対する世田谷の会／世田谷住民基本台帳法研究会、二〇〇二年。

小谷洋之「次世代携帯電話が究極の国民管理ツールとなる⁉」『週刊プレイボーイ』第三七巻第二一号、二〇〇二年六月一一日号、集英社。

小谷洋之「『監視カメラ社会』はこんなにヤバイ！」『週刊プレイボーイ』第三七巻第二二号、二〇〇二年六月一八日号、集英社。

〔6〕住基ネットとプライバシーの危機

1――「個人情報保護」を考える二つのポイント

「個人情報保護」「プライバシー侵害」という言葉からは、「漏洩」とか「秘密の暴露」ということをまず思い浮かべる。しかし住基ネットにおける個人情報保護では、「情報の漏洩に対するセキュリティ対策」と「自己情報の使われ方に対するコントロール」という二つの面を見ていく必要がある。そうしないと「セキュリティ対策をとっているから個人情報は保護される」というようなゴマカシの説明にのせられてしまうおそれがある。

「自己情報のコントロール」とはどういうことか。「プライバシー」という考え方は、一九世紀後半に私生活上の秘密が暴露されないよう「一人にしておいてもらう権利」として使われ始めた。しかし一九六〇年代になりコンピュータ化がすすみ、大量の個人情報がデータとして流通するようになり、「秘密を守る」だけではプライバシー保護ができない時代となった。そこで現代的プライバシー権として提唱されたのが「自己情報コントロール権」である。「自己情報のコントロール」とは「自己に関する情報を、いつ、どのように、どの程度他人に伝えるかを自ら決定できる権利」(A・ウェスティンの定義)などとされている(『プライバシーと高度情報化社会』堀部政男、岩波新書等参照)。具体的には収集制限、利用制限(目的外利用、外部提供、データ結合)、開示請求権(保有ファイル簿、ファイル内容の本人閲覧等)、訂正権、利用中止請求権などがあげられる。

住基ネット=国民総背番号制では、「管理される側」である私たちが、管理する側=「権力」を持つ側(行政・国家、企業、大組織等)から、その権力を強化する個人情報の収集・加工・利用に対して、いかに「自己決定」(主権者や消費者としての主体性)を守るか、が課題となる。

以下「秘密にしておきたい個人情報の漏洩」という点からの住基ネットの問題に簡単にふれたあと、コンピュータネットワーク時代における「国家による個人情報管理」と「民間での個人情報利用」のなかでの住基ネットのもたらす新たな危険性を検討し、最後に改正住基法や個人情報保護法での個人情報保護策ではその危険性が解消されないことを見ていきたい。

2――潜在し拡大する自治体からのプライバシー漏洩

◆住所・氏名もプライバシー

二〇〇一年二月一七日の『朝日新聞』に「あなたのメル友大丈夫? 女性に『本名調べたよ』と送信　横須賀市職員が住民基本台帳使い個人情報を調査」という記事が載った。横須賀市の税務の男性職員とニックネームでメールをやりとりしていた女性が本名をひらがなで伝えたところ、職員から「住民基本台帳で本名を調べました。いい名前だね」というメールが届き女性が市に訴えたという。女性は「どこまで調べられたか分からない。帰宅するにも恐怖を味わい続けている」とコメントしている。このように自治体職員が管内に住む有名人等の個人情報を職場のコンピュータでこっそり見たりということは、残念ながら潜在していると思われる。住基ネットがはじまれば、全国の自治体や提供先の機関にこのような「盗み見」が広がる。

住基ネットで流通する住所・氏名・性別・生年月日の四情報が「秘密にしておいてほしい情報」にあたるかどうか、住基法改正の国会で論議された。自治省は、氏名・住所・性別・生年月日の四情報は個人情報であるが公開情報であり「一般的に知られていない事実で、知られないことについて利益があると客観的に認められるもの、そういう個人の秘密に属する情報ではない」とした。そして住民票コードは「コードによる照合が明確にできる、また迅速な検索が可能で経済的である、また重複がない住民票コードにより確実な本人確認ができる」という特色があり、「四情報などの個人を識別することが可能な情報と住民票コードが一体化した場合、全体として秘密事項となる」と答弁した。

しかしサラ金等の取立てや暴力的な夫から逃げる妻などの切実なケースはもちろん、一般的にもインターネットでの匿名のコミュニケーションやストーカー犯罪の増加の中で、住所・氏名も「秘密にしたい個人情報」と感じる人が増えている。

◆自治体からの個人情報漏洩事件

住民情報の外部への漏洩も、住基ネットにより全国的な規模になる危険がある。

住基法改正が論議されていた一九九九年五月、京都府宇治市で住民情報の漏洩事件が発覚した。約二一万件の住民基本台帳情報が流出しインターネットで売買された事件で、その後、乳幼児健診システムの開発会社のアルバイトが、私物の光磁気ディスクにコピーして名簿業者に三〇万円で売ったことが判明した。しかしデータは「物」として認められないため窃盗罪には問えず、また住民票データは閲覧できる情報だからと個人情報保護条例違反とならず、健診用のために流出データに含まれていた非公開の在日外国人データについて条例違反として市は告発した。また三人の市民が損害賠償を求め、京都地裁は一人一万五〇〇〇円の支払いを市と業者に命じている。

この他にも自治体での大量流出事件では、一九九四年に東京都江戸川区で約八万人の区民定期健診データが流出した事件や、一九九五年に埼玉県志木市で全市民の住民基本台帳のコピーが名簿業者に売られた事件などが知られている。漏洩事件全般の傾向として、一九九五年ごろを境に、紙に印刷されたデータが名簿業者に売られるという流出から、データをコピーしてインターネットで売買する方法へと変化しているといわれている（『図解でわかる個人情報保護』藤野剛士、日本能率協会マネジメントセンター）。

公務員には守秘義務があり、住基法では本人確認情報の漏洩についてはさらに重罰が新設されてはいる。*しかし住民票情報は一件三〇円から一〇〇円で売られているといわれ、需要があるかぎり漏洩の危険は避けられない。住基ネットがはじまれば全国民のデータが見れるようになるため漏洩する対象が全国民に広がり、漏洩の舞台も本人確認情報が送信される国・都道府県・民間法人に広がることになる。サラ金の取り立てのためにそれらの職員に賄賂を渡して現住所を調べるということもおこるだろう。

*地方公務員法では守秘義務に反して漏洩すると三万円以下の罰金か一年以下の懲役となっているが、住民基本台帳法では本人確認情報を漏洩すると百万円以下の罰金か二年以下の懲役と重罰化されている。その結果、六情報だけを漏らすより住民票の全情報を漏らした方が刑が軽くなる、という矛盾が生じている。

3――コンピュータネットワーク時代の国民総背番号制

(1)取り払われる技術的な壁

◆「一元的集中管理」が国民総背番号制の条件か

日本で国民総背番号制が問題となったのは、一九七〇年に「事務処理用統一個人コード設定の推進」を目的に「各省庁統一個人コード連絡研究会議」が設置されてからである。同年には中山太郎参議院議員の『一億総背番号』というバラ色の背番号社会を描いた本も出版され、国民総背番号制として反対運動が広がった（『プライバシー・クライシス』斎藤貴男、文春新書等参照）。

当時の国民総背番号制は、政府の中央コンピュータに国民情報が一元的に集中保管されるとイメージされていた。たとえばスウェーデンの国民総背番号制では、一〇桁の個人登録番号を全国民に付番し、国の住民登録台帳（SPAR）に基本的な個人情報を一元保管している。そこには住所、氏名の他、登録教会区、出生地、国籍、婚姻上の地位・異動日、養子縁組、法的無能力、子供の出生年月日、課税収入、全収入、不動産所有や評価額、ダイレクトメールを希望するか否かの指示などが記録されている（そのかわりスウェーデンではその他に個人情報データベースを作ることは厳しく規制されている。そのためダイレクトメールを送る際はこのSPARからデータを入手する必要があり、送付の可否が登録されている)。

このように中央データセンターに集中保管された個人情報を必要な機関が端末機で取り出し利用するというイメージを前提に、今回の住基ネットにおいて自治省・総務省は「全国センターに保有するのは本人確認情報だけであり、さまざまな個人情報を一元的に収集管理しない仕組みだから国民総背番号制ではない」と説明してきた。

◆シームレスな個人データ交換の時代へ

しかしコンピュータのネットワーク利用の急速な拡大は、この前提を変貌させている。

一九七〇年代に国民総背番号制が問題になった時代は、使用するコンピュータの機種やメーカーに依存した基本ソフト(OS)、データベースソフトのデータ管理方法の違い、通信規約(プロトコル)やデータ送信環境の未整備等が技術的な壁となり、行政内部でもバラバラに作られているデータベースに他の行政機関からアクセス(接続)することは容易にはできなかった。その技術的な壁によりプライバシーが守られてきた面があった。

しかし「中央コンピュータ(メインフレーム)と端末機」という集中処理の時代から「サーバ/クライアント・システム」による分散処理の時代へ、機種依存の時代からウィンドウズやLinuxなど汎用的なOSによる共通プラットフォームの時代へ、そしてインターネット・プロトコルの時代へ、と進み、データへのアクセスが容易になってきた。

データベースのデータ管理も、一枚のカードにすべてのデータを書き込んでいくような固定的な方式から「リレーショナル（関係型）・データベース」による柔軟で拡張性の高い方式が主流になり、さまざまなデータ・ファイルを照合して結合し、必要な項目だけを抽出して新しいデータ・ファイルを作る、といった加工が容易になってきた。その際重要なのが、データを照合するキーになるコード番号である。

『あなたの情報はこうして盗まれている』（翔泳社）では、今後「データベース」の時代からＸＭＬ技術によりオンライン上の他のデータと継ぎ目ない交換・結合ができる「データネット」へと進むことが予想されている。ＸＭＬ（拡張機能付文書整形言語）とは、ホームページの記述言語であるＨＴＭＬと同様にタグとテキストで構成されるがデータ構造も記述でき、データ交換の標準言語として従来は変換処理が大変だった異なるデータベース間のアクセスを飛躍的に容易にするものである。

プライバシーを守ってきた技術的な壁は崩壊しつつある。

住基ネットのポイントは、データ照合・交換・結合のキー・コードとなる個人識別コード（住民票コード）が新たに導入されコンピュータ管理される点にある。最低限の本人識別情報と識別コードを住基ネットで管理し、他の個人情報データベースへのアクセスを可能にすれば、「さまざまな個人情報を一元的に収集管理」しなくても効率的で拡張性ある国民総背番号制が誕生する。

(2)「ストーカー国家」による個人の監視と動員

◆「情報は権力なり」

一九七三年「国民総背番号制に反対し、プライバシーを守る中央会議」がアメリカからハーバード大学アーサー・ミラー教授を招き、国際討論が行われた。その中で田中靖政氏は、国家権力は「国民について知りたがる。知ったことをためたがる。ためた情報を使いたがる」の「三つのたがる」の傾向を持つと指摘している。それを受けてミラー教授は「問題は番号をつけることによって何をしようとしているのかだ」「コンピュータはコントロールする人の権力を非常に大きなものにする」と指摘し、「情報は権力なり」ということが言われるようになった。

住基ネットでは本人確認情報は当面、給付事務と資格付与の際の本人確認に使用されることになっている。それは住基法改正の際に省庁間のなわばり争いもあり、閣議で「住民票コードは住所確認以外には利用しない」と確認されているためである（『プロブレムQ＆A個人情報を守るために』佐藤文明、緑風出版）。しかし住基ネットが定着すれば、いずれこの「情報という権力」は個人の「監視」と「動員」に活用されていく。

◆電子政府のもたらす日常的「監視」

「監視」については今年五月防衛庁で、情報公開請求をした者の思想傾向や所属、転居先、旧姓などを調べてリスト化し庁内で閲覧していた事件が発覚した。「防衛庁に探りを入れようとする輩の身辺を調査して弱みを握り圧力をかけよう」と考えていたのではないか。吉野川可動堰の問題では中山建設相（当時）が、反対する住民運動のリーダーを（どこで調べたのか）「逮捕歴がある」と非難して話し合いを拒否した例もあるのだから。この事件は、行政情報の扱われ方に対する不安を顕在化させた。

防衛庁事件では、情報公開制度の趣旨に反することや公務員の守秘義務違反、目的外利用などの問題点が指摘されている。しかしさらに重要なのは、行政内でのオンライン結合やデータ共有化自体にはなんの法的規制もないことである。住民票コードを基礎に行政内部のデータベースが共有化されれば、コンピュータの画面を見るだけで特定個人の所属・属性・税金・健康・資格・犯歴・行動記録……などを自在に抽出し把握することも可能になる。しかしどんなシステムが作られているか、私たちにはわからない。

「住基カード」の利用が、この監視システムをさらに日常生活の監視に近づける。住基カードの利用が広がるほど、クレジットカードの使用履歴がクレジット会社に蓄積されていくように、個人の生活や行動をリアルタイムで追跡することが可能になり、それと住民票コードが結合することで、特定個人の日常生活データベースが作られていく。

電子政府では、インターネットによる行政情報の提供とか申請手続の簡素化などサービス向上が宣伝されているが、しかしその裏で進行する行政内部でのデータの共有化にこそ注目しなければならない。そのうちこの防衛庁の事件のようなことは日常の出来事となり、発覚することもなく私たちが知ることもない時代がくる。ジョージ・オーウェルの有名な小説『一九八四年』では、個人の生活を監視するテレスクリーンが描かれているが、しかしそれは「監視されている」と感じられるだけまだ牧歌的である。

◆有事の国民動員の基礎システムに

七〇年代はじめに国民総背番号制が問題になった際には、ベトナム戦争が身近に感じられた時代状況もあり「徴兵制に利用される」というのが反対運動のひとつのポイントだった。今、有事法制が国会審議される中、住基ネットは実施されようとしている。

有事法制のひとつの柱は、国民をいかに戦争遂行のために効率的に動員するか、である。その動員には徴兵という兵力の動員計画とともに、戦争遂行のための労務動員もある。当面は運輸・土木・医療労働者などへの従事命令がうたわれているが、必要に応じて対象は拡大していく。

第二次世界大戦末期には、国民動員のために国民登録制度がつくられ、所在地、配偶者の有無、職業名や経験年数、学歴、技能、身体・精神の障碍状況などの登録がすすめられたが、活用される前に敗戦を迎えた。

住基ネットはこのような動員体制の基礎システムとして機能する可能性がある。国家はいままで国民一人ひとりの所在、資格、能力、健康状態等を直接把握することはできなかった。住基ネットにより国民一人ひとりの所在、年齢等が把握でき、さらに住民票コードを使って行政のもつ個人データを結合していくことにより、改めて登録をしなくとも、かつての国民登録制度よりも精緻で効率的な動員体制をつくることが可能になる。

「牛は一〇桁、人は一一桁」という言葉が最近言われるようになった。今年四月からBSE感染対策として牛に一〇桁の識別番号をつけ、誕生から肉の流通までを追跡するようになった。八月から一一桁の住民票コードが始まり、私たちも牛と同様にゆりかごから墓場まで「国家の家畜」として国家に管理されようとしている。

◆民主主義と基本的人権の問題として

国民総背番号制や住基ネットについて「プライバシー」ということが問題とされる。もちろんその視点は重要だが、しかし七〇年代はじめには、もっとひろく国家による個人の管理や地方自治に反することが問題になっていた。当時に比べプライバシーについての法律や条例の整備が進んできた反面、プライバシー保護手続きやセキュリティ対策についての狭い論議にとどまってしまうおそれがある。

前述の国際討論でミラー教授は「情報化社会は記録による牢獄」と指摘されている。「ファイルに名前が載ってしまった人は、自分が何か非難する前、あるいは何か意見をいう前に、そのファイルにはどのようにそれが反映されるか考えなければならないと思うでしょう。そのために自由に発言するということが阻止されてしまうのです。……アメリカではこの現象をチリング・イフェクトと呼んでいます。人びとの個人の情報を集めることによって、人びとの心を凍らせてしまう、縮みあがらせてしまう。そのために人びとの基本的人権、あるいは市民権を行使するのを阻止してしまう、そういう意味です」（『国際討論プライバシーの危機』学陽書房）。

また地方自治体での「個人情報保護条例」について、国や企業でのプライバシー保護一般と比べて、自己情報のコントロール権の働きが「地方自治の本旨」と特別なつながりがあり、「自治体における個人情報・データ処理の制度的しくみを個人情報・データ登録簿の閲覧などにより住民がチェックしていくことは、住民自治としての住民直接参政権の行使といえる」との指摘もされている（『情報公開・個人情報条例運用事典』悠々社）。行政情報に対する自己情報コントロール権は、プライバシー権の問題であるとともに民主主義の問題でもある。

住基ネットをめぐって、あらためて国家と個人、国家と地方自治の関係が問われなくてはならない。

⑶民間での「個客」ビジネスと住基ネット

◆「カモ・リスト」の時代

大量生産―大量販売というマーケティングから、個々の顧客のニーズにあわせたきめ細かいマーケティングへとビジネス環境がかわり（「顧客」から「個客」へ）、ダイレクトマーケティングが急成長している。

顧客情報を管理するために、企業はそれぞれ顧客コードをつけている。あるいは、注文や問合せをしたら電話番号を聞かれ、それに答えるとこちらの住所氏名などを確認する応答が返ってくることがあるように、電話番号が顧客情報の識別コードとして使われている。一九九八年から迷惑電話防止を宣伝文句に開始されたNTTの発信者番号表示サービス（ナンバーディスプレイ）も、ねらいは電話をしてきた顧客情報を自動的に即座にコンピュータに表示するような利用にある。

この「個客」ビジネスの成功のカギとなるのが、新しく正確で詳しい個人情報を入手し活用することである。住民基本台帳は法律によって義務付けられた住所の登録であるという点で最新で正確なデータであり、現在でも住民票の閲覧がダイレクトメール発送の基礎データになっている。また住民票コードは全国民に重複なく付けられる唯一の個人識別番号であり、企業ごとの顧客コードや電話番号などと比べて個人データを照合していくもっとも確かなコードとなる。

そのように本人確認情報は、さまざまな企業が把握した個人情報をそれに付加していくベースとして価値のある情報であり、違法な手段によってでも入手しよう、とする事件もおきるだろう。

このような「個客ビジネス」を、便利になると喜んでいるわけにはいかない。どういう時にプライバシー侵害を感じるか、というアンケートでは、ダイレクトメールをあげる者が多く、最近では電話勧誘にプライバシー侵害を感じることも多い。これらの勧誘の材料になっているのが、名簿や個人情報の売買である。売買自体は現行法では違法ではないが、しばしば企業の顧客リストや行政からの流出データの売買として問題となっている（『IT革命の虚構』緑風出版所収の「多発する個人情報流出事件」大久保貞利参照）。

個人情報の流通は「気味が悪い」というだけではすまず、さまざまな被害を引き起こしている。たとえば高齢者世帯のリストが訪問販売に利用されて消費者被害につながったり、長期海外旅行者のリストを入手して泥棒が侵入する、ということまで最近のピッキング犯罪で報告されている。また一度でも訪問販売などにひっかかった者のリストが「カモ・リスト」として流通して次々と勧誘が押し寄せたり、多重債務者リストや自己破産者リストを入手して暴力金融が勧誘に利用するといった、生活を破綻させる深刻な消費者被害が横行している。

◆民間利用の禁止は抜け道だらけ

「住基ネットでは民間における住民票コードの利用を法令で禁止している（から大丈夫）」とよく説明される。しかしこれは（意図的に？）不正確な説明である。

改正住基法第三〇条の四三では、民間利用の制限としてつぎの規定がされている。

1 「市町村、都道府県、指定情報処理機関、別表1事務の国や法人」以外の者が、住民票コードの告知を求めることの禁止

2 市町村長以外の者が、業として行う行為に関し、契約相手に住民票コードの告知を求めることの禁止

3 市町村長以外の者が、業として、住民票コードが記録され情報を他に提供することを予定したデータベースを構成することを禁止

4 都道府県知事は、2と3の違反行為があり更に反復して行われるおそれがあれば、その行為の中止勧告や行為中止を確保するに必要な措置を講じる勧告ができる

5 都道府県知事は、4の勧告に従わないときは、審議会の意見を聴いて、期限を定めて勧告に従うよう命令できる

しかし以下のような不十分な禁止でしかない。

・住民票コードを「任意に」提供することは規制されていない
・「業として」でなく自社用にデータベースを構成すること自体は禁止されていない
・違法に構成されたデータベースの押収・消去も義務づけられていない

・いったん漏洩流出した個人情報でも、受け取った先は業務としてデータベースを作らねば処罰されず、また反復して違反しなければ中止勧告も出せない
・中止勧告に従わなかった場合も、「審議会の意見を聴いて、期限を定めて勧告に従う命令をする」というノンビリした対応しかとれず、その間にどんどん情報は拡散する
・その命令に違反しても「一年以下の懲役または五〇万円以下の罰金」ですむ

法改正時の政府の答弁も「任意提供への規制は難しい」「民間の住民票コードの利用規制は、情報収集の自由、経済活動の自由にかかわり、行政の過度の干渉を防ぐ観点からプライバシー保護との比較考量が必要」というような姿勢であり、違反の「やり得」状態となる。

その他、本人確認情報の提供先には民間機関も含まれ、さらにそれが拡大されようとしていること、個人認証制度や納税者背番号などに利用されれば民間利用も必要になること、住基カードが多目的利用される際には民間利用にも広がること、など、「民間利用の禁止」がなし崩しになっていくのは必至である。住基ネットを推進してきた元自治省事務次官の百崎英氏は「現在民間部門は個人情報保護法制がなく、国会で個人情報保護法はまだ成立しておらず、現状では民間には住民票コードは危なくて出せない。住基ネットは施行に五年かかるので、システムづくりと並行して将来の民間利用のために、民間を含めた個人情報保護法制の制定を」と、個人情報保護法を作って民間利用を解禁するという展望を語っていた。

4――改正住基法における個人情報保護措置の不充分さ

住基ネットでは、制度（法令）、技術、運用の三つの側面から個人情報保護対策をとっている、と説明されている。しかしそれらはほとんど「セキュリティ対策」でしかなく、「自己情報コントロール」の視点は希薄である。

(1)「自己情報のコントロール権」の欠落

二〇〇〇年八月、政令指定都市一二市長は連名で、自治大臣宛に「住民基本台帳法にかかる個人情報保護の充実に関する要望書」を提出した。五項目中の一項目目で「住民基本台帳法の規定に基づき、国の機関等が本人確認情報の提供を受け、利用した経過等にかかる記録について、本人による開示請求権を認めるよう、立法的措置を講じられたい」との要望がされている。同様の要望は、全国市長会関東支部やいくつかの自治体からもされている。*

これは改正住基法第三〇条の三七で自己の本人確認情報の開示権が認められたものの、それは自己情報がどのように記録されているかを確認するための開示にとどまり、自己の住民記録に関する情報がいつどこで誰に請求され、その情報がどのように利用されたかといった市民の求める自己情報の管理という点からは極めて不十分なものとなっている、との理由からの要望である。

5 個人情報保護のための施策

1　制度（法令）、技術、運用の３つの側面

住基ネットワークシステムは、住民の大切な個人情報を取り扱うことから、個人情報の保護を最も重要な課題としています。このため、個人情報保護に関する国際基準（OECD 8原則＊）を踏まえたうえで、制度（法令）、技術、運用の3つの側面から個人情報を保護する対策を講じています。

制度面からの対策

(1)磁気ディスクに記録する情報を「本人確認情報」に限定しています。
　※本人確認情報＝①氏名、②生年月日、③性別、④住所、⑤住民票コード、⑥付随情報
(2)国の行政機関等への提供先、利用目的を「住民基本台帳法」別表で明確に規定しています。
　※10 省庁の 93 事務類型
(3)民間における住民票コードの利用を法令で禁止しています。
(4)「安全確保措置」、「秘密保持(罰則付)」を義務付けています。

技術面からの対策

(1)外部ネットワークからの不正侵入、情報の漏えいを防止します。
・安全性の高い専用回線でネットワークを構築
・通信データの暗号化・復号＊

・専用回線とルータの間にファイアウォールを設置
・通信相手となるコンピュータとの相互認証

(2)システム操作者の目的外利用を防ぎます。
・操作者用 IC カードやパスワード等による厳重な確認
・住基ネットワークシステムに蓄積されているデータへの接続制限
・不審な業務パターンの常時監視
・データ通信の履歴管理及び操作者の履歴管理
・ログ（使用記録）取得及び定期的な監査

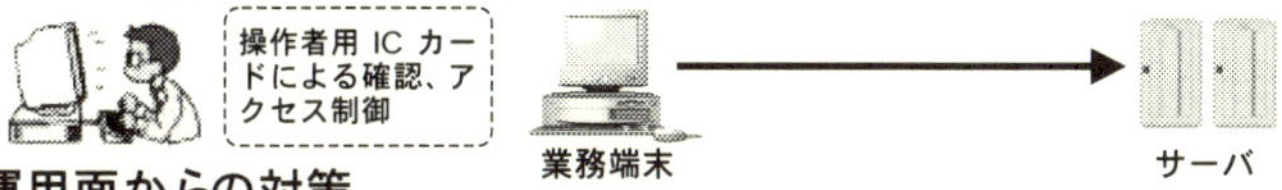

運用面からの対策

運用管理を徹底し、情報の漏えいを防ぎます。
・「本人確認情報管理規程」の制定による厳重な安全確保措置
・役職員等の秘密保持義務
・指定情報処理機関に本人確認情報保護委員会を設置、都道府県に審議会を設置
・安全・正確性の確保措置の関係職員への研修

自治省は「指定情報処理機関や都道府県は提供状況の報告書を作成し公表するので、どこの機関が利用しているか知ることができる」と答弁していたが、報告書の作成・公表が義務づけられているといっても、政令で定められたその内容は「本人確認情報の提供先、提供年月、提供件数、提供方法」だけで、官報に公告し、指定情報処理機関の事務所に備え置き五年間閲覧に供するとなっている。自分の本人確認情報がどこに提供され利用されたかの追跡はできず、とても自己情報コントロール権を保障するものではない。

その他にも改正住基法では、都道府県に本人確認情報の保護に関する審議会を置くことになっているが、法で定められたその権限は民間での利用制限違反の命令について意見を述べられる程度である。また指定情報処理機関にも本人確認情報保護委員会をおくことになっているが、そもそも民間法人であり私たちが直接関与できるものではない。自己情報の利用について疑問を感じても、苦情を述べ救済を求められる「審査会」はない。

＊政令指定都市市長連名の自治大臣宛要望書（二〇〇〇年八月二九日）

要望事項

一　住民基本台帳法の規定に基づき、国の機関等が本人確認情報の提供を受け、利用した経過等にかかる記録について、本人による開示請求権を認めるよう、立法的措置を講じられたい。

二　本人による住民票の写し等の請求書の開示請求権について、立法的措置を早急に講じられたい。

三　住民基本台帳の大量閲覧を公共目的のものに限るよう、住民基本台帳法第一一条第一項を改正されたい。

四　住民基本台帳ネットワークシステムの構築及び運用に際しては、各都道府県・市区町村・指定情報処理機関及び本人確認情報の利用をする国の機関などに対し、個人情報保護対策に万全を期すようご指導をお願いしたい。またシステム構築に要する経費については、全額財政措置を講じられたい。

五　自治省として、個人情報保護法の早期制定に向けて特段のご配慮をお願いいたしたい。

(2) セキュリティの危うさ

◆プライバシー保護よりコストを優先

ではセキュリティ対策についてはどうか。住基法改正時の国会審議では、住基ネットにおける送信は一般公衆回線ではなく専用回線を使用すると答弁され、独自に住基ネットの通信用に回線を敷設すると理解されていた。* しかしその後「基本設計書」で、公衆回線をＩＰ―ＶＰＮで送信することが明らかになった。

＊たとえば次のような質疑。
○衆議院地方行政委員会（平成一一年五月一八日）

春名委員「国の機関への情報提供の際にオンラインで結ぶ場合には、専用回線を使うのですか、一般公衆回線を使うのですか」。

鈴木政府委員「今後検討すべき事柄でございますが、オンライン接続により国の機関等に情報を提供する場合には、専用回線が利用されるものと一応想定をいたしております」。

○衆議院地方行政委員会（平成一一年五月一三日）

古賀㈠委員「いわゆるコンピューターというものは公衆回線と常時つないでおけば情報というものはとられる、あるいは壊される可能性がある、この認識について、自治省は基本的にどう思っておられるのか」。

鈴木政府委員「このネットワークシステムの中におきましては専用回線でつなぐということで考えております。」

ＩＰ―ＶＰＮとは「インターネット・プロトコル・バーチャル・プライベート・ネットワーク（インターネットの通信規格を使用した仮想専用回線網）」の略で、公衆回線を使用するが、専用の交換装置が固定的に接続され、論理的に他回線と隔離された回線を意味する。当然、専用線を設置して物理的に隔離する方が漏洩の危険性は少ないが、それをＩＰ―ＶＰＮにした理由は「回線費用削減のため」と説明されている（「地方公共団体からのＱ／Ａ票一覧」）。プライバシー保護よりコスト削減を優先したわけだ。

このＩＰ―ＶＰＮについて興味深い報道がされている（『ＡＳＣＩＩ』二〇〇一年一二月号）。二〇〇一年九月一一日のテロ事件のあとにアメリカ政府が設置したサイバースペースセキュリティ担当の大統領特別補佐官に任命されたリチャード・クラーク氏は、IP―VPNは攻撃に対してあまりに脆弱なため、政府のネットワークを独自に作り上げインターネットから完全に独立させてしまおう、という「ガバネット構想」の検討を要請したという。しかし金と時間がかかるうえ、インターネットから独立させても必ずセキュリティホールはでき、サイバー攻撃を完全にふさぐことは不可能、という反論がされているという。このような論議をみると、「IP―VPNで個人情報漏洩の恐れはありません」などという説明は、あまりに楽観的である。

◆検討できない技術面からの対策

じつは私たちが住基ネットのセキュリティ対策を技術的に検討しようとしても、公開されている「基本設計書」の中でセキュリティに関する章は非公開になっており、検討することはできない。説明では技術的な安全確保措置として「ファイヤーウォール」「送信情報の暗号化」「通信相手のコンピューター同士の相互認証システム」「操作者のICカード・パスワードによるチェック」「使用記録の履歴管理」などをとる、とされている。それらは現在の標準的なセキュリティ対策ではあり「侵入されにくくする」役にはたつものの、それがあれば大丈夫と言えるものではないのは、今までの漏洩事件が示している。

オウム真理教系のソフト会社がシステム開発の下請けにより入手した情報を保持していた事件が

あったように、システム内容が外部に漏洩することは避けられず、それがわかれば「セキュリティ・ホール」からの侵入も容易になる。ＩＣカードは磁気カードより偽造が困難とされているが、利用が拡大すればいずれ偽造はされるだろう。暗号化と暗号解読はイタチごっこである。「相互認証システム」には「なりすまし」の問題がある。いそがしい職場でＩＤカードとパスワードを設定しっぱなしにしていろんな職員が操作してしまうこともよくあることだ。履歴を残さない侵入など、ハッカーにとっては常識である。

住基ネットは三三〇〇の市区町村、都道府県、さらに提供先の民間法人を含む国等の機関に広がるオープンなシステムである。業務端末機は他の事務処理と共有化してもよく（システム上は別々な端末という位置付けになるが）、総計で一万台を超えると予想される端末機は既設のネットワークに接続されることもある。セキュリティを保持するのはもともと大変なシステムなのである。

◆セキュリティの基準もないまま送信開始

運用面でのセキュリティ対策基準づくりも遅れに遅れている。二〇〇二年一月下旬にやっと総務省から「セキュリティ対策基準（仮称）（案）」が参考配布され、住基ネットワークシステム推進協議会から「セキュリティ対策に関する参考資料」が示された段階で、基準が決まるのは六月の推進協議会の予定だという。ところがすでに東京都では五月の連休明けから本番用の本人確認情報が、初期セットアップのために市区町村から送信され始めている。セキュリティ基準を待ってプライバシー対策を講じようと思っていた市区町村では、八月の実施にも間に合わなくなっている。

もっともセキュリティ対策の内容はこの「参考資料」や「基準案」をみるかぎり、体制整備として責任者・管理者・セキュリティ会議の設置、監査体制や研修、また規程の整備として入退出管理やアクセス管理、情報資産管理、委託規程などが並んでいるだけで、「形を整えた」という程度のものである。

ただ目新しいのは「緊急時対応計画書」を作成するとされている点である。この「緊急時」とは「住基ネットの全ての場面において、本人確認情報に対するサーバの障害により住民サービスが停止する場合又は脅威（不正／犯罪）の可能性が高い場合」とされている。このうち「不正／犯罪」は「住基ネットを目的外使用することや本人確認情報の改ざんおよび住基ネットの運用を阻害する行為」とされ、例示として私的目的利用の検索、データの削除・漏洩、業務端末のインターネット接続、等があげられ、対応としてはセキュリティ会議において住民サービスの継続／停止の判断をすることも含まれている。

当初予定されていなかったこの「緊急時対応計画」が出てきたのは、杉並区で「区民の基本的人権が侵害されるおそれについて、明白かつ差し迫った危険があると認めるときは」（回線切断を含めた）必要な措置を講ずることができるとする住基プライバシー条例が作られた影響もあると思われる。ともあれ住基ネットによって基本的人権が侵害されるような事態が発生しうることを認めたのは、一歩前進だろう。

また「セキュリティ基準案」では「ネットワーク経由の模擬攻撃を適宜実施し、実施結果に基づき必要な措置を講じる」ことも予定されている。その実施結果を公表してほしいものだ。

なお「セキュリティ基準案」では、提供を受けた国の機関等での本人確認情報の保存年限について「必要がある期間経過後、遅滞なく消去する」とされて具体的な期間の定めがなく、半永久的に記録しておくことも可能である。改正住基法では国の機関等は「住民の居住関係の確認のため」に必要な都度本人確認情報を確認するというのが本来の趣旨であり、そもそも「保存」ということが想定されていること自体、総務省の説明と矛盾する。

全般に国の機関等での運用については一般的な記述になっており、これではいくら住基ネット内での規定を細かくしても「尻抜け」になるおそれがある（それが狙いか？）。

5——住基ネットで空洞化するプライバシー保護条例

◆「国民総背番号制」につなげない歯止めとしての外部結合禁止規定

一九七〇年代はじめ、各地の自治体で、「国民総背番号制につながる」と住民基本台帳の電算化に反対する住民運動が盛り上がった。東京二三区では墨田区、江東区、練馬区、大田区と運動が続き、ついに一九七八年には杉並区で住基電算化そのものを禁止しようとする条例の直接請求運動で、法定数の四倍の二万七〇〇〇人の請求署名があつまるほど関心が高まった。

このような状況の中で、「国民総背番号制にはつながらないようにするから」と住民の理解を得ながら自治体の電算化を進めるために「プライバシー条例」がつくられはじめた。一九八八年になってやっと行政機関の個人情報保護法を作った国に比べ、自治体の取り組みが先行し内容も充実していた。

一九七五年三月に国立市で電算条例が制定される。住民情報の電算処理を進めていた国立市で市議会での「国が計画している国民総背番号制と結びついたり、データが漏れてプライバシーが侵されるおそれがあるため、条例を制定して歯止めを」との論議を受け制定されたといわれ、宣言規定的なものだった（『データセキュリティ・プライバシー保護』労働旬報社）。

「自己情報のコントロール権」をふまえた初の本格的なプライバシー条例とされるのは、一九七六年に制定された世田谷区の電算条例で、思想・信条・宗教や社会的差別の原因となる事項の入力禁止、自己情報の閲覧・訂正の保障、区民参加の電算運営審議会の設置、などが規定された。特に世田谷区以外の機関とのオンライン結合を全面禁止し、国民総背番号制につながらせないことを明確にした。この外部オンライン禁止規定は全国の自治体に広がり、住基法改正時には五六五の市区町村で外部結合を禁止する条例が制定されていた。

しかし自治省は住基法改正の国会審議で「法律が成立すればそれに抵触する条例の規定は自動的に解除される」と答弁し、住基法改正後には「個人情報のオンラインによる外部への提供を一律に禁止する規定をもつ団体に対しては、早急に見直しを要請」する通知を出した。

「条例を定めたから国民総背番号制につながらない」と市民に約束して市区町村の電算化を進め

ながら、いよいよ国民総背番号制となる住基ネットが開始されるときに「法律が通ったから」と外部回線結合を認めては、市民に対する背信行為といえる。しかし法律成立の現実の中で、外部結合禁止規定の改正、あるいは法律が条例より優先するとの解釈で条例の手続きを無視して住基ネットへの参加が進んでしまっている。総務省の調査では、二〇〇一年四月現在、オンライン結合禁止規定をもつ自治体は三三四団体に減少しているという。

住基法改正時の衆議院地方行政委員会では、「政令及び省令の制定並びに法の運用に当たっては、国会審議で論議されたプライバシー保護に関する意見及び地方公共団体の意見を十分尊重し、その業務に支障を来すことのないよう配慮するとともに、地域住民が制度の趣旨を十分理解できるよう徹底を図ること」との附帯決議もされていた。自治体が培ってきた個人情報保護の取り組みを上から法律で蹴散らすようなやり方は、この決議にも反し、地方自治の観点からも汚点を残した。

◆自治体からの「反撃」

このような地方自治否定の暴走に対して、市民に対する住民情報の管理責任をはたそうとする自治体の努力もはじまっている。

杉並区では「住民基本台帳に係る個人情報の保護に関する条例」を制定し、区長が国等に報告を求め調査を行うことを規定した。さらに基本的人権が侵害されると判断した際には「必要な措置」を講じるとし、その内容として回線の切断もありうる、と記者会見では説明されている。

また練馬区では個人情報保護条例の中に、外部結合の際には条例別表に明記することや提供先の個人情報の利用状況について報告を求め、審議会および議会に報告し、一般に閲覧することを規定した。

杉並区の条例では、区民から報告・調査を区に求める権利が明確でなく、また都道府県や指定情報処理機関で管理する本人確認情報については市区町村の権限は及ばないとの解釈がある中で、提供先への報告・調査という規定がどれだけ実効性を持つかは今後の運用にかかっている。

これらの条例を参考にしながら、ネットワーク時代の自己情報コントロールの仕組みを工夫していかなくてはならない。

＊杉並区住民基本台帳に係る個人情報の保護に関する条例

（不適正利用に対する措置）

第六条　区長は、住民票記載事項の漏えい又は不適正な利用により、区民の基本的人権が侵害されるおそれがあると認めるときは、国、他の地方公共団体、指定情報処理機関その他の関係者（以下この条において「国等」という。）に対し報告を求めるとともに、必要な調査を行わなければならない。

2　区長は、前項の規定による国等からの報告又は調査により、区民の基本的人権が侵害されると判断したときは、区民の個人情報の保護に関し、必要な措置を講じなければならない。

3　区長は、前項に規定する措置を講ずるに当たっては、あらかじめ審議会の意見を聴くとともに、広く区民の意見を求めるものとする。

4　区長は、区民の基本的人権が侵害されるおそれについて、明白かつ差し迫った危険があると認めるときは、第一項及び前項の規定にかかわらず、報告の要請又は意見の聴取を行わずに必要な措置を講ずることができる。この場合において、必要な措置を講じた後、その措置の内容について速やかに審議会に報告するものとする。

＊練馬区個人情報保護条例

（電子計算組織の結合の禁止）

第18条　実施機関は、個人情報を処理するため、区の電子計算組織と区の機関以外のものの電子計算組織とを通信回線その他の方法により結合してはならない。ただし、あらかじめ審議会の意見を聴いて公益または区民福祉の向上のために特に必要な場合で、区民等の権利利益を不当に侵害するおそれがないと認めるときは、この限りではない。

2　実施機関は、当該実施機関が所管する事務で、別表第2に掲げるものに限り、区の電子計算組織と区の機関以外の電子計算組織とを結合することができる。この場合において、実施機関は、提供し、または提供を受ける個人情報の項目以外の個人情報を利用できないよう、必要な措置を講じなければならない。

3　実施機関は、前項の規定により区の電子計算組織と区の機関以外のものの電子計算組織とを結合したときは、提供先の個人情報の利用状況について報告を求め、その状況を審議会および議会に報告するとともに、規則で定める事項を記録し、一般の閲覧に供しなければならない。

6――住基ネットと個人情報保護法

◆「個人情報保護法の整備」が住基ネット実施の前提

与野党対決法案として成立が危ぶまれていた住基法改正を成立させるため、国会審議の中で、改正住基法の附則第一条第二項として「この法律の施行に当たつては、政府は、個人情報の保護に万全を期するため、速やかに、所要の措置を講ずるものとする」との追加修正がされた。

この「所要の措置」について小渕総理大臣（当時）は「住民基本台帳ネットワークのシステムの実施に当たりましては、民間部門をも対象とした個人情報保護に関する法整備を含めたシステムを速やかに整えることが前提であると認識をいたしております」と答弁している。また野田自治大臣（当時）は「附則第一条第二項の所要の措置とは、第一に、民間部門をも対象とした個人情報保護に関する法整備を含めたシステムを速やかに整えること、第二に、第一のシステムの整備状況を踏まえ、住民基本台帳法におけるさらなる個人情報保護措置を講ずるため、所要の法改正等を図ること、第三に、地方公共団体が適切に住民基本台帳ネットワークシステムを運用することができるよう、自治省として個人情報保護に係る指導を十分に行うことなどを示すものと認識しております。」と答弁した（いずれも衆議院地方行政委員会一九九九年六月一〇日）。

個人情報保護法を整備し、さらにそれを受けて住基法にさらなる個人情報保護措置を講じる法改正をすること、それが住基ネット実施の前提条件として公約され、やっと成立したのが改正住基法だった。

◆住基ネットの実施条件をクリアーしない個人情報保護法案

この個人情報保護の法整備は、高度情報通信社会推進本部の下に設置された個人情報保護検討部会で検討された。しかしそもそも「情報高度情報通信社会の構築に向けた施策を総合的に推進」することを目的としたこの本部で検討することには疑問があった。

二〇〇〇年一〇月一一日に個人情報保護法制化専門委員会から発表された「個人情報保護基本法制に関する大綱」では、「個人情報について、このような情報通信技術を用いて処理し、利用することは、事業活動等の面でも国民生活の面でも欠かせないもの」「こうした個人情報の有用性に配慮しつつも、個人情報の保護を図るための仕組みを整備することが不可欠」と、個人情報を流通させる条件整備としての保護法、という姿勢になっている。また肝心の行政機関や独立行政法人等が保有する個人情報については、別途の法整備にゆだねていた。

現在、この大綱に基づく個人情報保護法案に対しては、メディアや団体への規制など表現の自由等の基本的人権との関係、消費者被害防止の実効性への疑問、センシティブ情報の収集規制の欠如、などへの批判が集中し、住基ネット実施前の成立も危ぶまれている。にもかかわらず住基ネットを実施するのは法律違反である（個人情報保護法案の全般的な問題点については、紙幅の関係でふれられないため、『プロブレムQ&A個人情報を守るために』佐藤文明や『個人情報保護法の狙い』臺宏士、いずれも緑風出版、を参照)。

個人情報保護法案は、内容からみても住基ネット実施の条件をクリアしない問題のある法律となっている。

一九九九年七月に設置された個人情報保護検討部会の堀部政男座長は、「住民基本台帳法改正法案の審議との関係で設置されるようになったと理解している人が多いように思われるが、高度情報通信社会推進本部では、それ以前から個人情報保護検討部会を設けることが決まっていた」(『ジュリスト』二〇〇〇年一二月一日)と住基ネット実施の条件整備として検討したのではない、と述べている。

そして実際、日弁連が「本大綱審議の過程では、住民基本台帳法改正法の施行、住民票コード施行の問題点はほとんど意識も議論もされておらず、本大綱の内容も住民基本台帳法改正法施行に対するプライバシー保護対策を含めて公的部門における個人情報保護のための具体的な措置を何ら定めていない。したがって、政府は、本大綱及び本大綱に基づく個人情報保護基本法制は住民基本台帳法改正法の施行に必要な「個人情報の保護に万全を期するため、所要の措置」ということはできないものであることを確認する必要がある」(『「個人情報保護基本法制に関する大綱」に対する意見書』二〇〇一年二月二日、日本弁護士連合会)と指摘するような状況だった。

日弁連のこの意見書では、具体的に「住民データベースのオンライン結合によって、当然出てくるものであって、必然的に議論すべきものであるところ、何も議論されていない」事項として

1 住民情報の結合は合法とするのか。規制するのか。
2 結合、参照を許す範囲はどこまでか。許される規準は何か。
3 情報の適正利用のための指針はあるのか。情報の相互利用はあるのか。
4 住民情報のインターネット上での利用のための安全方針は何か。
5 ある自治体は、他の自治体の住民の情報を閲覧利用できるのか。
6 自治体相互の住民情報のやり取りはどのようにするのか、安全性の確保はどうなるか。
7 結局のところ、国民全員が一意的(一人に一つだけ)番号により、管理されることになるのか。

などをあげている。

住基ネットに対する私たちの心配は、様々な個人情報を名寄せし結合する「共通番号」として利用されることであり、それにより国民総背番号制に発展することである。住基ネット実施のための「所要の個人情報保護措置」は、この心配を解決するものでなければならない。そのためには、国民総背番号（全国民を網羅して強制的に付番され、汎用的に利用することが可能な共通番号）を禁止する規定を明記すること、データの照合・結合を規制すること、そして国家による個人情報管理を規制するための実効ある手続きが保障されなければならない。基本法というのなら、「プライバシー権」の明示は最低条件である。

そういう検討をまったくしていない個人情報保護法案は廃案にして検討しなおすべきであり、その間は住基ネットの実施は延期するのが当然である。

◆現行の(行政機関)個人情報保護法はザル法

国の行政機関に提供された本人確認情報などの個人情報はどうなるか。それを規制するのが「行政機関の保有する電子計算機処理に係る個人情報の保護に関する法律」(行政機関個人情報保護法)である。この法律は一九八八年に成立したときから不充分さを指摘され、五年後の見なおしが約束されていたがそのままになってきた。

不充分さとしては、

◇対象が「政府保有の電算処理する個人情報」で、民間や手書き処理情報は除外

◇収集制限が不充分［第四条］

「所掌事務を遂行するために必要な場合に限り、かつ、出来る限りその目的を特定」「記録項目及び記録範囲は、保有目的を達成するために必要な限度を超えないもの」とされているだけで、

・収集方法の制限（本人からの収集を原則とすること、適法・公正な収集であること、等）が規定されていない。

・収集目的の特定は「できるかぎり」で、義務ではない。

・センシティブ情報(思想、信条、宗教、その他社会的差別につながる項目)の収集規制がない。

◇行政機関が「所掌事務の遂行に必要」「本人の利益になる」と判断すれば、目的外利用や外

部提供ができる［第九条］
◇データのオンライン結合への規制がない
◇秘密にされる個人ファイルが多い
・統計調査・統計報告は法の適用除外（国勢調査データなどには適用されない）
・国会、裁判所、会計検査院、内閣法制局、国家安全保障会議は法の適用を受けない［第2条］
・国家の安全、外交上の秘密、犯罪捜査などのファイルは、行政機関から総務庁へ保有を事前通知しなくていい［第六条］
・犯罪の予防、出入国の管理、租税の賦課・徴収などのファイルは、ファイル簿の作成閲覧の例外とされ存在すること自体を国民に知らせなくていい［第七条］
・学校の成績評価・入試関係、診療記録、刑事事件のファイルは、存在は国民に公示するが、閲覧は認めない［第一三条］
・犯罪の捜査、租税の反則事件、公訴提起、調査権の行使、第三者との信頼関係保護等の理由で、ファイルの存在は公示するが閲覧は行政庁の裁量で認めないことができる［第一四条］
◇監督する第三者機関がない
◇訂正申出は認めるが、訂正請求権はない［第一七条］
◇罰則は「情報の開示を受けた」国民に対してだけで、行政の側への罰則がない
などの点が指摘されている。

そのため防衛庁で情報公開申請者のリストが作成されたケースでも、「今まで適用が検討されたことがなく具体的な法解釈が確立しているわけではない」ため、総務省と防衛庁で慎重に検討が進められている(『朝日新聞』二〇〇二年六月八日)という始末だ。もし防衛庁が「犯罪の予防のため」と主張すればそのようなリストの存在を国民に明らかにする必要がないと判断したと言えるし、「国家の安全」にかかわるといえば防衛庁から総務省に事前通知もしなくてよい。「所掌事務の遂行のため」といえば収集も違法ではないし、思想信条などのセンシティヴ情報を集めても規制はない。そういう担当部署の判断の是非をチェックする第三者機関もない。たとえ規制する規定があっても違反への罰則もない。ザル法と言われるゆえんだ。

そのため、「私たちのプライバシーを守る法律ではなく、行政機関が自分たちの必要と都合で勝手に集めた私たちの個人情報を、私たちから守る法律」(『プライバシー侵害』山本健治編著、柘植書房)との厳しい批判も受けていた。

ちなみに防衛庁で保有が公表されている個人情報ファイルは、毎年総務省行政管理局から公表されている「個人情報保護法施行状況調査結果報告書」の二〇〇一年七月現在の公示対象個人情報ファイル一覧によれば、開示請求対象が図書目録データベースと図書データベース、開示請求対象外が医事データベース、診療データベース、投薬データファイル、患者別病名マスタファイル、患者別病名ファイル、臨床検査データファイルだけとなっている。また同じ一覧で警察庁の保有する個人情報ファイルをみると、家出人、風俗営業、二輪車防犯登録、警備業資格者、猟銃空気銃、運転者管理、古物商、質屋、留置情報などのファイルだけである。こんなファイルだけしかないということはありえない。現行法では、行政機関のなかで私たちの個人情報がどう使われているかはまったく闇の中である。

◆行政機関等個人情報保護法改正案では問題は解決しない

現在国会に上程されている個人情報保護法案は、官民を問わずに適用される「基本原則」部分と、民間部門を対象に「個人情報取扱事業者」の義務等を定めた部分の二重構造になっている。その個人情報保護法案の一一条で国の行政機関について必要な法的措置を講じることが求められたこと、そして個人情報保護法案が民間に対してばかり強い規制をかけ行政には甘い、と批判されたことをうけて、行政機関個人情報保護法の改正が検討されることになった。

しかし提案されている行政機関等個人情報保護法案では、前述の現行法の問題点のうち電算情報だけでなく手処理のデータまで対象を拡大したことや訂正請求権を認めたこと、教育情報や医療情報について開示請求の対象としたこと、など若干の改善をはかっているが、基本的には現行法と同様の問題をかかえている。

個人情報保護法案と比べると、民間の個人情報取扱事業者には偽りその他不正な手段での取得を禁止しているのに、行政機関については公務員の法令遵守義務があるからと規定しなかったり、民間にはある罰則がないなど、「民にきびしく官に甘い」との批判を受けている。その一方で、個人情報保護法案にならって現行法にはない「利用目的の変更」を「変更前の利用目的と相当の関連性を有すると合理的に認められる範囲」で認めるなど、改悪と思われる部分もある。

また多くの自治体の個人情報保護条例で規定されている「センシティブ情報」の収集規制やオンライン結合の禁止規定なども取り入れられず、このような法改正がされれば地方自治体での個人情報保護策の後退にもつながりかねない。むしろ自治体で先行して取り組まれてきたこれらの個人情報保護措置を積極的に国の法律に取り入れるべきである。

住基ネットについての国民の不安や電子政府により進む情報共有化の危険性をまったく考慮しないこのような改正を認めることはできない。

◆誰にとっての「行政の効率化」か

総務省は、住基ネットのメリットとして「住民サービスの向上」とともに「行政の効率化」をあげている。住基ネットによる効率化で年間約一三〇億円が節約されると説明するが、住基ネットの構築には約三六五億円、維持費は年に約一九〇億円かかるとも試算している。その算定根拠もあいまいだが、問題は行政コストと基本的人権を引き換えにすることはできないということだ。

あらゆる個人情報をコンピュータの前に座るだけで見ることができれば、行政にとって便利なのは当然である。しかしそれでは、私たちのプライバシーはなくなり、基本的人権は損なわれる。私たちは「主権者」であって、行政に管理される客体ではない。住基ネットのもたらす「行政の効率化」は管理の効率化でしかない。私たちはそのような「効率化」は望まない。


（原田富弘）

[7] 電子政府・電子自治体構想と住基ネット

一九九九年改「正」住基法が成立した頃は、「住民票がどこでも取れる」「引越しの際の転出入事務が簡単になる」という便利論が導入の大義名分であった。ところが、今国会において住基法別表の拡大を法制化しようとしているが、その理由の筆頭に、電子政府・電子自治体の早期の確立があげられている。

つまり、住基ネットの目的そのもののすりかえがいつのまにか行われてしまっていると言える。一九九九年当時の国会答弁においては極力利用範囲を限定していくことが随所に語られていたが、いったん法制化されてしまえば、その後は電子政府・電子自治体構築のためにはあらゆる領域に利用していこうというのが現在の姿なのである。

電子政府・電子自治体と住基ネットの関係はいかなるものなのか、以下順次見ていきたい。

◆急がれる電子政府・電子自治体構築

これまでも電子政府・電子自治体確立の必要性はさまざまな場面で語られてきたが、二〇〇一年一月に打ち出された「e-japan」計画で一挙に二〇〇三年までに電子政府を樹立し、電子自治体を構築する計画が明らかにされた。そこでは、IT化を国家戦略として規定することが示され、①超高速ネットワークインフラ整備及び、競争政策　②電子商取引と新たな環境整備　③電子政府の実現　④人材育成の強化の四つの重点政策分野に集中的に取り組む必要性が説かれている。また、露骨に世界的にIT化が遅れていること、その遅れを取り戻すために必要とされる制度改革や施策を五年間に緊急かつ集中的に行っていき、そのためには「社会経済の構造改革の方向性と改革の道筋を具体的に描いた国家戦略を構築し、その構想を国民全体で共有することが重要である」と表明されている。ここには、日本経済の長期低迷傾向からの脱却に対する焦りとも言える気分を感じ取ることができる。

電子政府・電子自治体構想としては、二〇〇一年六月に出された「申請・届出等手続のオンライン化に係わる新アクションプラン」では、国の行政機関が扱う申請・届出手続の九八％を、自治体の九五％を二〇〇三年までにオンライン化しようとしている。

さらに総務省は二〇〇一年一〇月に「電子政府・電子自治体推進プログラム」を策定し、電子申請、国と地方のネットワークは二〇〇二年度から開始、電子入札・開札は二〇〇三年度から開始する計画を明らかにした。

◆不均等「発展」する電子政府・電子自治体

後述する公的個人認証制度が確立していないにもかかわらず、電子政府・電子自治体はどんどん進められている。

総務省は二〇〇二年三月二七日から「電子申請システム」を開始したが、セキュリティ上の問題があることが判明し、「電子証明書」をダウンロードしたユーザーに、証明書は本物かどうか確認作業をするよう求めたという。

システムを利用するには、申請者が総務省のホームページから安全に通信するための電子証明書を入手する必要があるが、その入手ページが暗号化されておらず、第三者が総務省になりすまして偽の証明書を送ることが可能になってしまう。こうしたシステムの不備は、各認証局をブリッジする共通な暗号化に基づく認証制度の不在に起因していると思われる。

国の機関では、経済産業省が二〇〇一年六月から電子申請を開始している。経済産業省は、日本政府として初めて国務大臣による電子署名を施した電子公文書を交付している。

また、国土交通省も電子入札を導入しているが、参加者の認証基盤には民間企業である帝国バンクの「電子入札用電子認証サービス」が利用されている。自治体では東京都江戸川区が電子入札に同じく帝国バンクの同サービスを利用している。帝国バンクは、日常的に企業の現地確認や対面調査を行っており、一六五万社分の企業データベースを構築しているという。

自治体では、老舗は神奈川県横須賀市であり、戸籍管理システム、電子入札システムを構築している。二〇〇一年度総務省は、全国八市村を電子自治体推進パイロット事業に指定し、実証実験を行った。深川市（北海道）、葛尾村（福島県）、浦安市（千葉県）横須賀市（神奈川県）、藤沢市（神奈川県）、小田原市（神奈川県）、大垣市（岐阜県）、岡山市（岡山県）がそれである。事業内容は、電子申請、情報提供、施設予約等となっている。

実験結果の分析の中で、費用評価に関しては、「住民・企業等は汎用受付システムを利用することで、役所等へ来庁する費用を削減することが可能になります。住民・企業等の交通費、平均時間単価等から、実証実験参加八団体合計で一年につき約四五億円の住民・企業側の費用削減効果があると試算しました」と評している。

◆電子政府は三兆円市場か？

電子政府・電子自治体構築による経済効果はさまざまな試算がされている。先述のパイロット事業だけでも年間四五億円もの費用削減効果があると計算されているが、住基ネット導入による費用削減効果もそうだが、積算根拠が明らかにされていなかったり、アバウトなものが多く、眉に唾をつけざるをえない。

それよりも経済界が狙っているのは、電子政府の市場規模である。NTTデータ経営研究所によれば、二〇〇五年前後には「医療、教育分野を除いて考えても、電子政府が一兆二〇〇〇億円、電子自治体が六〇〇〇億円程度」の市場規模になると算盤をはじいている。これは国、自治体側のシステム開発等の市場だが、民間側も電子入札等に対応するために、国、自治体と同規模かそれ以上の投資が見込まれるという。

急浮上し、計画を前倒ししてでも進行させようとする背景には、実は経済界からの圧力も大きく作用していると考えた方がよいだろう。

◆電子社会における本人確認

電子政府・自治体を中心とする電子社会構築のために最も重要なのは、申請者や届出者が本当に本人なのか、申請された、届出された内容が途中で改ざんされたものでないかどうかが確実に証明されることである。

「本人確認」というのは常識で考える以上に難しい手続きを必要とする。まず、Aという人物が本当に存在するのかを証明することが第一段階。そしてその人物が確かに今ここにいる、または電子的に申請をしてきたAさんなのかどうかを証明することが第二段階。この二段階をクリアできないと「本人確認」は厳密な意味で成立しない。

これまでの本人確認は、住民票の提示等で行われてきたが、最も厳密な方法が印鑑証明である。印鑑を登録することでその人物の存在を登録し、印影を照合することでその持ち主と登録された人物の同一性を確認する。厳密な商取引に際して印鑑証明が重用されるゆえんである。

それでは、電子社会における本人確認はいかにして行われるのか？

まず、ある文章を発信者から受信者に送付する場合、電子署名という形式が採用される。文章は暗号化され、その文章に鍵をかけて送り、受信者は鍵で暗号化された文章を開けるというのが大雑把な構造である。その際送信者は秘密鍵で鍵をかけ、受信者は公開鍵で開ける「公開暗号方式」が概ね採用される。秘密鍵の格納場所は住基カードが検討されている。住基カードの配布は二〇〇三年八月に予定されているが、秘密鍵の格納場所になると電子申請の際に所有していないとかなり不便になる。しかし、本当に秘密鍵―公開鍵を持っている人が送信者本人なのかは確証がない。そこでそれを認証する第三者機関が要請されるのである。

◆公的個人認証と住基ネット

民間においてはすでにいくつかの認証機関が営業を行っている。先述の「帝国バンク」がそうであり、国や自治体においても認証機関として採用しているところもある。法人とは異なり、個人認証はいまだ発展途上段階にある。

二〇〇一年五月に総務省は「地方公共団体による公的個人認証サービスのあり方検討委員会」（以降「あり方検討委員会」と略）を設置した。「制度私案骨子」において求められる制度の要件として①全国サービスが可能であること　②厳格な本人確認が実施されること　③個人情報について、厳重な保護措置を講じること　④制度の信頼性が確保されること　⑤低廉な料金で提供できること、の五点を挙げている。

図１　公的個人認証サービスのシステムの一試案と住民基本台帳ネットワークシステムとの関係

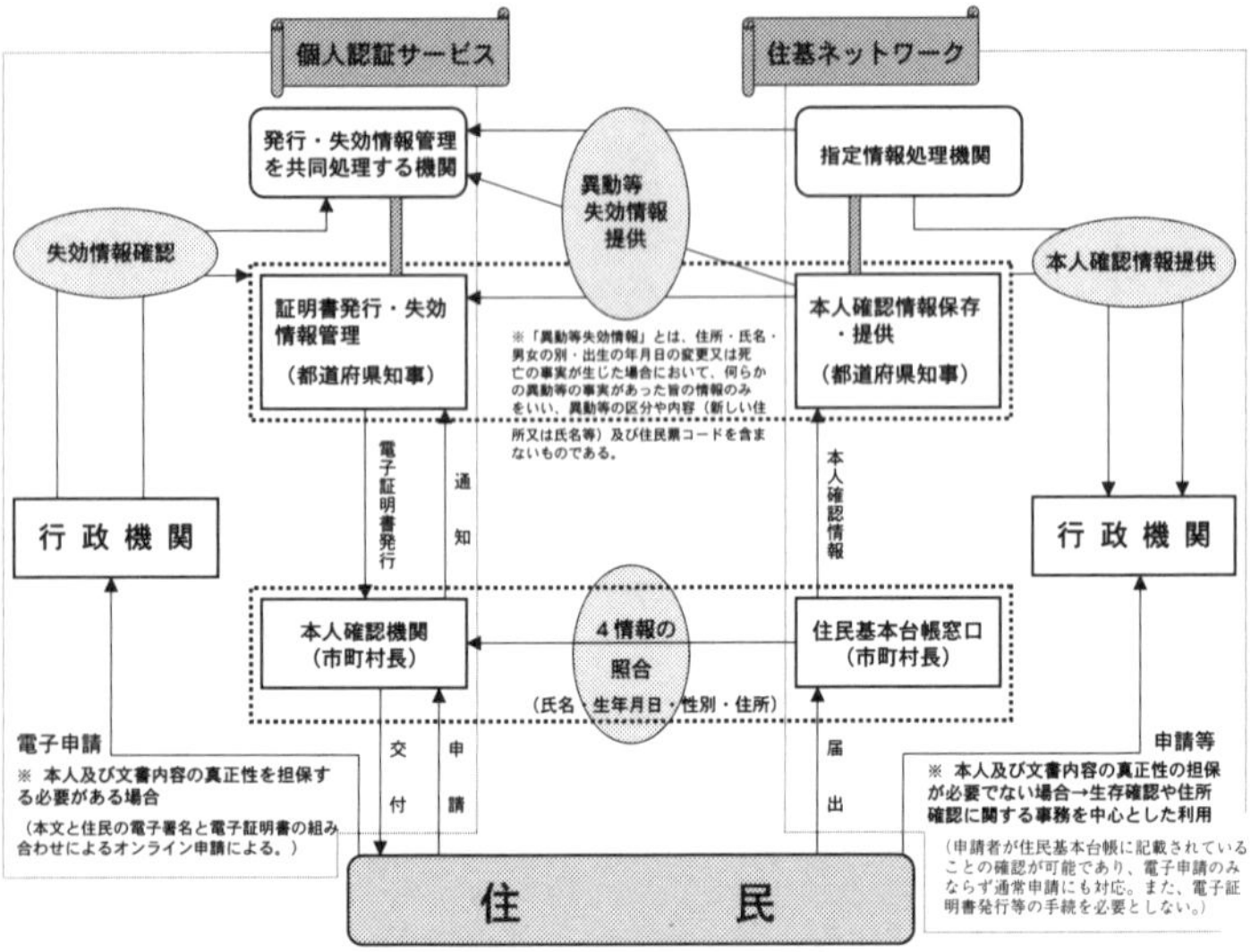

図２　民間認証事業者による公的個人認証サービスの利用イメージ

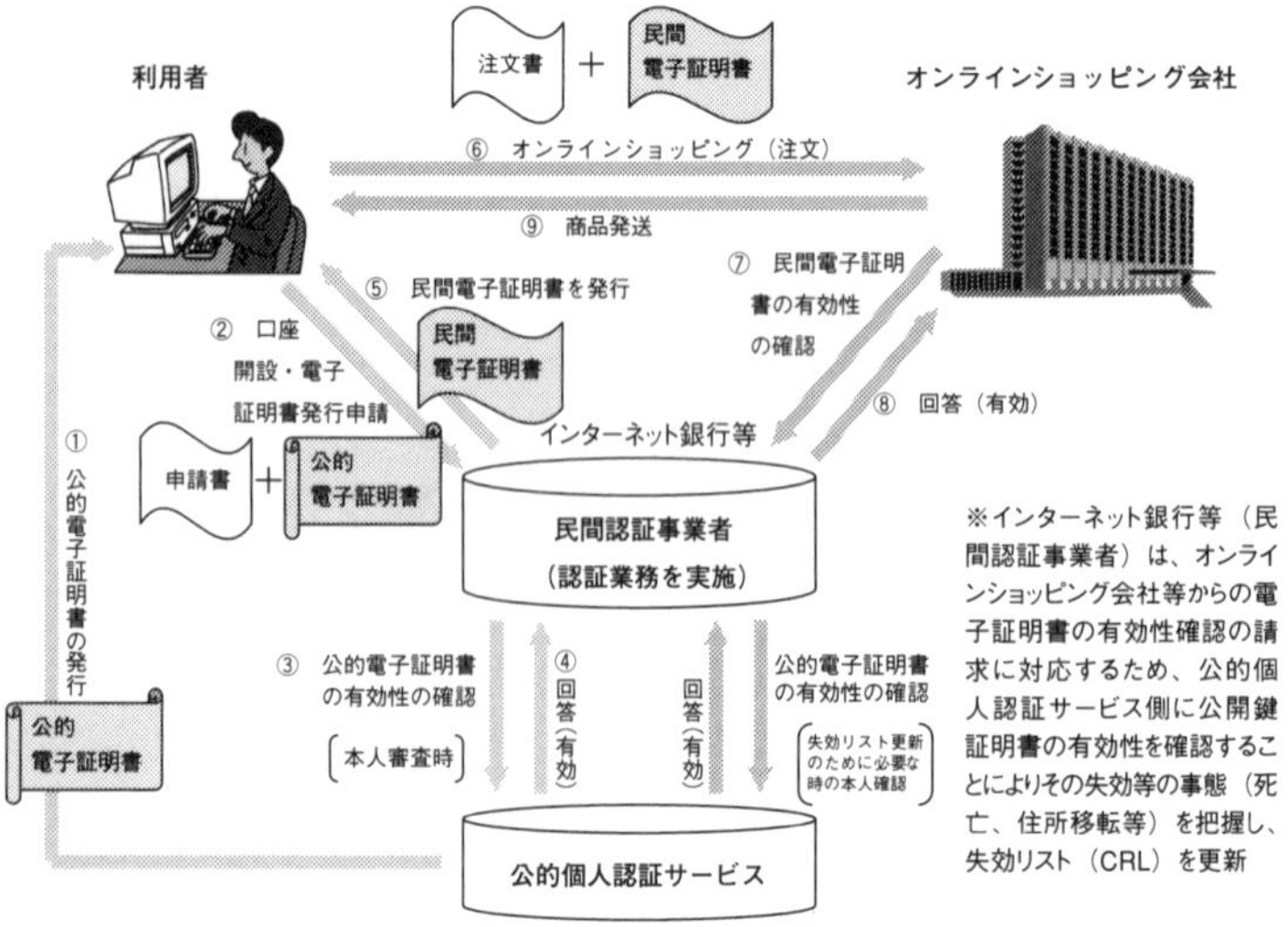

全国サービスが可能であるということは、基本的には全国自治体の公的個人認証システムは共通のものであるということだ。住基ネットもシステム構築は、全国センターである地方自治情報センターが主に担っているが、この地方公共団体による公的個人認証サービスも実質的には、地方自治情報センターがシステム開発を行っている。地方自治情報センターとは旧自治省最大の外郭団体であり、自治（総務）官僚の天下り先にもなっている。公的個人認証サービスと住基ネットの関係は、「あり方検討委員会」の中間報告にも、①申請の際の本人確認のための活用　②公開鍵証明書の失効リスト作成のための活用、の二点で住基ネットからデータを引っ張ることを表明しているが、よりわかりやすいものとして図1をご覧いただきたい。この図を見ると、個人認証サービスには住基ネットが欠かせないものであることが一目瞭然である。というより、両システムはコインの裏表であり、実は住基ネットの目的は、住民票の広域交付などにはなく、電子社会における個人認証の基盤となることだったのだ。

さらに、図2を見ると民間認証事業者を中間に挟む間接性は残してはいるが、公的個人認証サービスから民間認証事業者へ本人確認情報を提供するイメージが示されている。民間企業も当然ながら、個人認証が低廉にできる住基ネットを公的部門にのみ独占させておくはずもなく、住基情報は官民問わず、歯止めのない状態で流出していく危険性は大きいと言わざるをえない。

◆電子政府関連三法案と住基ネットの拡大

今国会に以下の電子政府関連三法案が提出されている。

①行政手続等における情報通信の技術の利用に関する法律案

行政手続のオンライン化を行うためのもの。従来の書面から電子的手続きへの変更を法律的に位置付けるもの

②行政手続等における情報通信の技術の利用に関する法律の施行に伴う関係法律の整備等に関する法律案

行政手続のオンライン化で必要となる他の法律の改正。七一の法律に及んでいる。この中に住基法の適用業務の拡大も入れ込んでいる。当初の九三事務から一七一事務を増やし、二六四事務に拡大するもの。

③電子署名に係る地方公共団体の認証業務に関する法律案

希望者に対する電子証明書の発行、電子証明書の失効情報の提供などを中心とする。「あり方検討委員会」の内容を法律化したもの。

六月七日に国会上程されたが、住基法の適用業務の拡大が入っていたために、公明党サイドからも慎重審議の要請が出され、今国会において審議入りすることはないようだ。それにしても、住基

法の適用業務の拡大の情報を入手した時は、当然単独の「住基法の再改正」として上程されるものだとばかり思っていたが、電子政府関連法案に入れ込んだのを知ってずいぶんきたない手法をとるものだと半ば呆れかえった。しかし、総務省の拡大に対する以下の理由を聞いて住基ネットが電子政府の基盤となることに確信を得た。

「昨年三月に e-japan 重点計画が策定され、状況が変わった」と。

◆防衛庁リスト問題は住基ネット実施でますます深刻化する!

ここのところ新聞のトップニュースを賑わわせているのが、防衛庁リスト問題であるが、私たちに背番号がふられ、住基ネットが実施されれば、おそらく今回の問題とは比べようのないくらい深刻な個人情報の恣意的利用が頻発するだろう。

適用業務拡大によって電子政府の申請行為すべてが網羅されはしない。ところが、電子政府は申請行為のほとんどを電子化する予定なので、今回の適用業務拡大はほんの第一歩といったところであり、今後度々適用業務の拡大が行われていくに違いない。

本人確認のために住基情報を提供するということは、適用業務ごとに住基コードで個人情報を検索できるということを意味する。防衛庁のリストは、情報公開請求の際に得られた情報以外の情報を付加することで請求者の人物像を浮き彫りにするものとなった。住基ネットの利用範囲が無限に拡大していくことで、住基コードで容易に個人情報を収集することができるようになる。

防衛庁のリスト問題は、国家機関がいかに私たちの情報を収集し、管理していたのかの一端を垣間見させた。そうした体制にある国家機関が住基コードを手に入れるとどうなるかはもはや言わずと知れたことではなかろうか。

（宮崎俊郎）

＊第1部で使用した図版の出典は、以下の通り。

二三頁、二七頁、四三頁、四六頁、五一頁、八九頁（地方自治情報センター　http://www.lasdec.nippon-net.ne.jp/rpo/juki-net_top.htm）

一一六頁（総務省　www.soumu.go.jp/s-news/2002/020228_3html#hokoku）

六二頁（筆者作成）

第2部 座談会・どのように反対していくか

◆どうして運動をはじめたか

佐藤文明　一九九七年に住民基本台帳法の「一部改正」試案が公表され、九八年三月には法案が閣議決定され、通常国会に上程された。僕らの会は、そういう動きの中で、反対のための行動をつくろうということで、九八年夏ごろから集まり、一二月一九日には「私を番号で呼ばないで!監視社会はイヤだ」集会を渋谷でやった。翌年からは「番号管理・情報監視はいやだ!市民行動」として集会やデモをやったり、国会傍聴活動に取り組んだりしてきた。九九年のあの「一四五国会」では、一連の悪法とともに改正住基法が可決・成立させられてしまったけれど、そこでは国会への請願行動とか、他のグループと共同してやってきたよね。

一連の行動の総括をふまえて、市民行動としてはいったん解散して、二〇〇〇年には六回の連続講座を「やぶれっ!『住基ネット』市民講座」としてもち、二〇〇一年からは「やぶれっ!住民基本台帳ネットワーク市民行動」ということで、都交渉などをやりながら、今に至っているわけです。ここで、僕らの活動を振り返るわけだけれども、はじめに、この会にそれぞれが参加するに至った経緯を、言っておいた方がいいと思う。

僕は一九六九年から三年間新宿区役所の住民課にいた。戸籍の問題でやめたんだとよく思われているんだけれども、実はそうじゃなくて、直接のきっかけになったのは、新宿区へのコンピュータ導入問題だった。住民管理をコンピュータでやる、これを阻止できなかったということが、僕には大きな事だったたから。これは必ず「国民総背番号制」に結びつかざるをえない、なんとしても止めたいと考えていたけれどできなかった。それで退職した。だからその後も「国民総背番号制」への動きについてはウォッチングし続けてきたわけです。そういう中で、今回の問題が明らかになって、僕としても運動を立ち上げなければという思いを抱いていたところ、この会のメンバーと出会ったというわけです。

真島富二　僕らは戸籍と天皇制研究会というのをやってるんですが、九四年に戸籍のコンピュータ化がなされたとき、多少は問題にしたんだけれども、抵抗らしい抵抗もできないまま、簡単に通過させられてしまったということがありました。それで今回の住民基本台帳法の改正が浮上したとき、これは関わっていかなきゃいけないと思ったんです。でも、いざ法案上程という段階になっても反対運動はあまり盛り上がりを見せなかったし、反対の論理も「プライバシー」一本に絞られていた感じがあった。プライバシーというより、僕らの生活、生き方そのものが丸ごと監視されていく方向に、社会が向かっていっているんではないか。そういう全体構造自体を問題にしていくような運動が作れないかということを、僕らの研究会の中でも話していたんです。そういうことを考えながら、いままでやってきました。

原田富弘　僕は七〇年代の半ばに世田谷区役所に入ったんですが、ちょうど各自治体で住民基本台帳の電算化が進められていた時期でした。その中で杉並区では電算化に反対する条例制定の直接請求の運動もあった。各自治体レベルでの住基電算化の進行の上で、住民基本台帳をベースにして、行政の中でさまざまな個人情報が結合され、使われていくことに対しては、中にいる立場からしてもやはり怖いということがあります。いろんな情報が電算の端末の前に座れば自在に見えてしまう。

それでいいんだろうかという感じがしていた。

今回の住基ネットが出てきた当初は、七〇年代半ばのイメージもあって、これはただですむはずはない、きっと運動が盛り上がって実現不可能になるだろうと安易に考えていたところもあったんです。ところが、反対運動らしい反対運動も起きないままに、あれよあれよという間に事態が進行してしまった。これはまずいというので、内部で勉強会なんかやって、どう対応していこうかというふうに相談していたとき、戸籍と天皇制研究会の宮崎俊郎さんに呼びかけられて、一緒にこの会を作るようになったわけです。

井上和彦 僕は学生の頃、外国人登録の指紋押捺拒否の支援運動に参加していました。そこで佐藤文明さんの本なんか読んでいたんですけれども。そこから戸籍制度とか、住民基本台帳の問題についても、関心を持つようになりました。八〇年代半ばに渋谷区役所に入ったんですけれど、まだ指紋押捺拒否裁判も続いていました。それが八九年の天皇の「代替わり」によって、「大赦」になるということで、本当に問題の所在がはぐらかされていくような感じを持ちました。

私はどういうわけか、区役所の戸籍課に配属になったので、逆に戸籍制度の問題について、ずいぶん勉強させてもらいました（笑）。今回の住基ネットの浮上に関しては、組合なんかももっと取り上げて反対運動をやっていくのかなと思っていたんですが、反応が鈍くて、これはなんとかしなければいけないなと思って、この会に参加し始めたんです。

柏木美枝子 女性という視点から戸籍制度や天皇制に反対でした。フォー・ビギナーズの『戸籍』（現代書館）が出る前に、「魔女コンサート」というイベントの会場で、その本の元になった青焼き

〔コラム〕戸籍ベースから住基ベースへ

国民総背番号制は、敗戦で頓挫した戦前の国民登録に見られるように、統治者として手に入れたい制度なのでしょう。旧自治省、法務省系列は、戸籍制度をベースに考えていました。

「わが国には世界に冠たる戸籍制度が完備しているのだから、これを利用したらどうかというアイデアが浮かぶ。戸籍台帳を使って番号付けするわけだ。そして本籍地で番号管理を行う」（中山太郎著『一億総背番号』七〇年刊、日本生産性本部）。

戸籍と連動した住民票のほうは、一九六七年に住民登録法を改正し住民基本台帳法とし、コンピュータ処理に対応させました。戸籍のコンピュータ化計画は、七一年からすすめられますが、戸籍法が改正されコンピュータ化の道が開かれたのは九四年です。

この流れに対抗して旧大蔵省系列は、一九六八年に閣議決定した「政府における電子計算機利用の今後の方策について」を受け、七〇年に各省庁統一個人コード（行政統一コード）連絡研究会議を発足させます（関係七省庁会議）。しかし、六九年末にマスコミが大々的に報ずるや、プライバシーの危機、行政統一コードは国民総背番号制であるとして反対運動が高まり、七五年には見送られます。旧自治省が動いてつぶしたようです。そして次に出てきたのは、納税者番号制＝グリーンカード制でした。これも国民総背番号制ですが、税の公平性のかけ声のもとに八一年に実施が決定します。ところが、実施の一年前の八三年に廃止法案が可決されます。旧自治省の影がちらついていました。もう一つ厚生省の年金番号制があります。年金番号は九〇年代に統一され、九七年にスタートしました。これも省庁間の争いが、私たちにとっては功を奏して、年金に関する限定番号制となっています。

その間、自治省、法務省系列は戸籍ベースの総背番号制は困難が予想されるので、住民基本台帳へシフトし、九五年に住民記録システムのネットワークの構築等に関する研究会が中間報告を発表します。翌年、最終報告が出され、それが九八年に上程され、九九年八月に成立した改正住民基本台帳法につながるものです。

この改正住民基本台帳法により、二〇〇三年八月から、希望者に住民基本台帳カードが交付される予定です。初めは希望制ですが、生活上の不利益から持たざるを得なくなるかも知れません。そして、常時携帯が義務づけられる日が来るかも知れません。

八〇年代から果敢に闘われた外国人登録法の指紋制度は全廃しましたが、外国人登録証の常時携帯義務はなくなりません。実際に行われているかどうか疑問ですが、弾力的運用ということで残っています。

朝鮮半島で有事が起き難民が押し寄せて来たとき、住基カードと外登証で簡単に識別排除できる。住基ネットの完成は有事立法と対をなすものです。


（柏木美枝子）

の手作りパンフを、佐藤さんから直接買った覚えがあります。あのころは佐藤さんは背中まである長髪でしたね（笑）。

七〇年代から杉並区役所で働いてました。当時は狭山闘争に関わったり、八〇年代には職場が図書館だったので、図書館労働者の交流会などにも参加していました。自分の中で大きかったのはやはり、八五年からの指紋押捺拒否の運動でした。部署は違うけれども、自治体労働者として、自分が外国人から指紋を採る立場に立ってしまう可能性がある。外国人の人権という問題はもちろんですが、自分たちの労働の質を問うということに直面させられたんですね。各地で指紋押捺拒否者を支える運動ができたんですが、杉並でもグループを作って、いまでも細々と続いています。あと、天皇「代替わり」のときには、「Xデーと闘う自治体労働者連絡会」なんかも作っていました。戸籍と天皇制研究会のメンバーとは、そういった活動なんかを通してずっと知り合いでしたから、声をかけられて、この運動に参加したわけです。いまは区職員をやめて、個人的には「ライフ・シード・キャンペーン」の活動をボランティアでやっています。穀物菜食創作料理の大谷ゆみこさんのところで、雑穀の普及活動のお手伝いをやっています。もうひとつ、津村喬さんのやってるネットワークで、気功をかじりはじめています。運動と食べ物とからだ、これらを有機的に結びつけて何かできないかな、と日々考えているところです。

若尾直材　僕も井上さんと同じで、学生時代に指紋押捺拒否者の支援をやっていまして、八〇年代後半に世田谷区の職員になりました。七、八年前に出張所に異動になったのですが、ここは区役所の末端であるわけです。ここにいると、本当にいろんな人の情報がわかってしまうわけなんですね。住民登録だけじゃなく、いろんな業務の絡みで所得が見えてしまったり、国民健康保険や年金も明らかになってしまったり。職員の中にも、プライバシーに関する意識が、あまり高いとはいえない方がいたりするのが実状です。そういうところからすると、国民総背番号制で国民の情報を一元管理していく、行政の側にそれだけの力を持たせてしまうというのは、やはりまずいんじゃないかというその一点で、僕は住基ネットに反対しているわけです。

宮崎俊郎　私も、真島さんと同様、戸籍と天皇制研究会というのをやっています。自分の中では、現代の管理・監視の根幹にあるものがいったい何なのか考える場合、天皇制とコンピュータであると、ずっと思っていたんです。コンピュータといってもいろんな形態があって、その意味ではネットワーク化されたコンピュータということですが、それを通じて私たちが緻密に管理されてしまうという事態が、きっとやってくるだろうというふうに感じていました。

学生時代からずっとやってきたのは、大学の中の図書館を中心とした学術情報システムへの反対運動です。大規模なコンピュータ・ネットワークシステムが、支配・監視の大きな力を作り出す。これに対して私たちがどう抗していけるか、それが現代の支配・管理を考えていく上でのポイントだろうと思ってきたんです。今出てきている住基ネットに関して、「情報漏洩」というか、プライバシーが守られるのだろうかということについての危惧は、多くの人が口にしていると思うんです。でも、さきほど真島さんも言ったように、日常的に管理されていくシステムが日々構築されていこうとしていること自体が問題なんではないかと思っています。もちろん、いろんな人と運動を共同でやりたいなと思っているのですが、正直言って、プライバシー侵害という側面にしか注目しない論調については、ちょっと違和感があるんです。

それと、いまの有事法制論議にも見られるように、国家による市民への管理・監視が、住基ネットだけでなくて、さまざまなシステムでなされようとしていると思います。そういう意味でも、有事体制作りに反対している人々とも協力関係を作っていかなければ、事態は打開できないな、という感じもしています。

桜井大子　私は反天皇制運動連絡会（反天連）というところで活動しているんですけれども、反天連メンバーも多く参加している、有事立法に反対する反安保や反戦運動の実行委員会でも活動しています。私自身は、ここにいる皆さんと比べると、この課題からは一番遠いところにいるなあと思ってきました。会が始まって四年間になるわけですけれども、会議の場から離れると、このテーマについてはあまり考えなくてすむような場所にいます。

住基ネットの問題に関わり始めたのは、関西の人と電話で話していて、法案が上程されるというのを聞いてからです。私はこの問題についてはっきりとは分かっていなかったわけなんですが、国家が「国民」一人一人に関心を持って、具体的に監視することが実際に始まりつつあるんだな、と、本当に気持ちの悪い感じがしたんです。この会ができる過程で、九八年一二月にはじめて集会を持ったときに、すでに有事法制にあらわれているような、社会全体の動きの中に、住基法改正が位置づけられるということは、漠然としてであれ、私たちに共有されていたと思います。私の関わっている反天皇制の運動や、反戦・反安保の実行委員会にこの住基法の問題を伝え、並行してこの問題に関心を持ってもらうようにするための「橋渡し」をするのが、私の役目だったと思っています。

私自身はある大学の図書館に勤めていて、宮崎さんの言われた学術情報システムに反対する運動には、八〇年代に関わらせてもらったことがあります。実際、九五年くらいから、私の職場もドラスティックに変わりました。いまでは、コンピュータなしには仕事ができない状態です。ネットワークがダウンしてしまったら、何もできません。そういう意味でのコンピュータ・ネットの怖さと同時に、若尾さんがおっしゃったように、職員の間に必ずしもプライバシー感覚があるわけではないという怖さが、やはり存在すると思っています。

◆もっと運動が盛り上がると思った

佐藤　僕らの運動が開始されるのが九八年ごろだけれど、原田さんも言っていたけど、当初反対運動がもっと盛り上がるんじゃないかと僕も思っていたんだよね。住基法の改正試案は、はじめ「中間試案」というかたちで九五年三月に出た。僕は最初、戸籍に番号をふるんじゃないかと思っていたんだけれど、住民票に付番するというんでびっくりした。そういう番号が日常的に使われるとするならば、戸籍のない子どもたちがますます追いつめられることになってしまう。番号をもらうためには出生届を出さざるをえなくなる、つまり戸籍と住民票が連動してしまうんじゃないかということに危機感を感じた。現在は自治体の判断で、戸籍がなくても住民票が作成されて、行政サービスを受けることができる。でも今度は、番号をつける主体が自治体ではなく事実上政府・自治省（現・総務省）になる。「戸籍のない子には番号をつけるな（住民票を作るな）」という国の指導に

〔コラム〕これまでの背番号制との関連

住民基本台帳ネットワーク・システムが登場する前にも、日本にはいくつかの背番号制の試みがありました。その歴史を振り返ってみましょう。まずは自治省（現総務省）と法務省（それに警察庁）が戸籍をベースにした総背番号制を構想。二度のプロジェクト・チームを組織して、実現を目指しました。

これに対抗したのが大蔵省（現財務省）で、行政管理庁をたきつけて一九六七年、「七省庁会議」を組織します。六九年、この会議が七省庁共通の「行政統一コード」構想を発表。これが「総背番号制だ」として、各界から総スカンを食らいます。自治省も陰で反対を組織しました。戸籍ベースの番号を導入したかったからです。

そのため、行政管理庁は「個人情報保護法」を整備した上で、社会保険番号をベースとした背番号を研究しますが、大蔵省は独自の納税番号制を実現し、これを共通番号にしていこうと考えます。最初に実現したのは大蔵省の番号制で、これが一九八一年に成立した「グリーン・カード制」です。

しかしこの制度は、番号センターとなる五階建てのビルまで建てながら、実施一年前の八三年になって「廃止法」が成立。陽の目を見ることはありませんでした。与党の有力者を使って、これをつぶしたのも自治省でした。

一方、八二年に出した行官庁の「プライバシー五原則」はかなり厳格なもので、適用すれば戸籍制度が維持できなくなる可能性を持っていました。戸籍ベースの背番号構想に赤信号が灯ったのです。そのため、八四年、行革の名目で行官庁が消滅。総理府と統合されて総務庁（現総務省）になってしまいます。

自治省の息がかかった総務庁では八八年、戸籍の維持が可能な「行政機関の個人情報保護法」を制定。ザル法で、最初から何の役にも立たないシロモノで、五年以内の見直しが約束されていたものです。

グリーン・カードで敗れた大蔵省は行官庁の構想を受け継ぎ、厚生省（現厚生労働省）に基礎年金番号制を導入するよう促します。これに納税番号を乗せようというのです。しかしここでも自治省が抵抗。自治労も地方公務員の共済年金の統合に反対して、自治省を支援します。

しかし、基礎年金番号は一九九七年の実現に向けて着々と前進。法務省（自治省と共闘関係）も九四年に戸籍のコンピュータ化に道を開きながらも、年金番号に対してもはや挽回は不可能で、やむなく九五年、九七年に実施予定とする住民基本台帳ネットワーク・システム構想を発表します。

自治省は基礎年金番号はプライバシーに配慮が足りない、と批判。ザル法である「行政機関の個人情報保護法」には触れないので、OECDの国際基準を満たさない、と言い出します。そのため七七年に基礎年金番号制が発足したものの、厚生省は背番号として他省庁に使わせることを断念。九八年に住基法改正案が閣議決定されたとき、厚生大臣は自治相にこの番号を住所確認以外には使わない、と約束させています。

二〇〇一年、小泉内閣の「骨太の方針」でも、財務省は独自の納税番号制を構想しており、〇二年の住基番号の利用拡大（別表の拡張）案の中でも財務省関係の利用計画は皆無なので、住基番号が唯一の背番号として君臨するにはまだ越えなければならないハードルがあることがわかります。（佐藤文明）

抵抗できない事態が生まれてしまう。そのことに対する危機感が僕にはあった。

また、住民票に番号がふられるということは住民票のない人、つまり外国人を排除することになります。番号とかカードとかが日常化された「便利」な社会になるというなら、そういう「便利」さから差別される存在が出てくることをどうするのか。そういうことはあってはならない。番号制自体にもちろん反対なんだけれども、それをすすめていく側が明白に差別を内包していることが問題だなと思った。

それで僕も、何人かの知り合いに呼びかけたんだけど、はじめに反応してきたのが関西の婚外子問題を考えるグループ。東京ではまったく動きがなかった、この段階では。マスコミは少しは報道していたけれど。この中間試案はかなり手を加えられて、九七年に改正試案として出されてきた。この段階で法案上程がもくろまれたわけだけれども、東京では市民運動はゼロだったね。九七年というのは、まだ社会党が与党だった時期で、政府は社会党が説得できれば法案成立というふうに考えていたと思う。社会党の方はあまりよくわからないということで、部落解放同盟と自治労にゲタをあずけてしまった。当時は両者とも反対の姿勢を示したので上程は見送られたわけだけれど、一年後の九八年三月の通常国会に提出されてしまった。この一年間に自治労と政府の交渉が続けられていたわけね。自治労は、自分たちの要求を政府に呑ませたということで、変な言い方なんだけど、法案には賛成はしないが上程は認めるという、そういう立場を出した。ここからだよね、僕らも含めた運動が本格化していったのは。ぼやきになっちゃうけど、自治労がもう少し頑張ってくれるだろうと思っていたから、ちょっと焦ったこともあります。

〔コラム〕外国人登録はどうなる？

戸籍・住民票による管理から排除された外国人は、登録においても指紋押捺を含む厳しい差別扱いをされてきました。これが外国人登録です。日本に六か月以上在住する外国人は終生不変の番号を付され、コンピュータに登録され、外登証を常時携帯して、求められたら提示しなければ罰せられます。つまり外国人総背番号制はすでに完成しているのです。

この犯罪者扱いに抗議して始まったのが指紋押捺拒否闘争。大きく盛り上がった運動はついに指紋を廃止に追い込むことに成功しましたが、政府・法務省は常時携帯・提示義務については「絶対に譲らない」として制度を堅持。なおつづく抗議行動に対しては、一九九六年「抜本改正もありうる」との姿勢をちらつかせたこともありました。

「絶対に譲らない」としたのは、登録証を持たせることで、不正入国者との区別をしたかったため。当時の政府は朝鮮半島での有事を想定し、膨大な数の難民が押し寄せることを憂慮。一〇〇万単位の受け入れ（多くは隔離）を表明して先手を取り、その後、速やかに追放するというシュミレーションを描いていたようなのです。そして、日本人や在日韓国朝鮮人社会に紛れ込むことを阻止し、混住する前に追放する、その手段として身分証の携帯を重要視していたのです。

では、「抜本改正もありうる」とは何だったのでしょうか。この見直しは一九九八年だとされていたのですが、この年、政府・自治省の予定では、日本人に対する国民総背番号制、すなわち住民基本台帳法の改正が実現することになっていたのです。しかも、この時点での住基ネットのカードは、全員配布制のＩＤカード（身分証明）として構想されていたのです。

　もうお気づきかもしれませんが、「抜本改正」とは、外国人登録証の廃止、住基カードとの統合だったのです。ところが、住基法の改正が遅れ、住基カードの全員配布制も見送られてしまったため、この話は伏せられ、立ち消えてしまいました。が、この経緯からみてもわかるように、政府の構想は外国人管理の日本人並み軽減ではなく、日本人管理の外国人並み強化なのです。

　もし、朝鮮半島の有事が現実となり、政府の難民対策がシュミレーションどおりに実行されるとしたら、すなわち隔離・分離して、混住する前に追放しようとするのであれば、在日外国人だけが身分証を携帯していても、高い効果は期待できません。日本人が身分証を携帯することが不可欠なのです。

　二〇〇三年に登場する、とされる住基カード、これが行政の基礎となり、便利なものであるというのであれば外国人を締め出している住民票をベースにしてはならないはず。住基カード（住基番号も）は二一世紀の行政サービスとしては失格といわざるをえません。しかし、正体は管理・監視カードなので、これも仕方ないのかもしれません。

　そして、住基カードが本当に外国人登録証並みになった暁には、外登証は廃止され、住基カードに統合されるはずです。すなわち、住基カードに常時携帯・提示義務が課されたら、外登証を別建てにする必要はなくなるのです。政府にはこうした青写真があるのでしょう。だから、外国人を排除したシステムを立ち上げても、疑問や矛盾を感じないのです。

（佐藤文明）

真島　九八年二月ごろに、住民票続柄裁判に取り組んでいた人たちがＰＩＪ（プライバシー・インターナショナル・ジャパン）の人を呼んで学習会をやったんです。僕ら戸籍と天皇制研究会もこれに参加して、運動始めなきゃな、と思ったんです。どういう人がいるのかということの、情報交換からはじめて。

佐藤　ＰＩＪって若手税理士のグループですね。納税者番号制への疑問から住民基本台帳法改正案に対する反対運動を開始した。職業がら、立ちあがりが全国組織ではいちばん早くて、自治労の動きが鈍い中、初期の運動形成には大きな力となりました。

原田　自治体の現場で七〇年代のような盛り上がりがないということは、今から思えば当然のことだったかもしれませんね。というのは、この二〇年の間に、コンピュータが職場の中にごく自然のものとして入り込んでいて、それなしには仕事そのものが成り立たなくなってきた。「国民総背番号制」という言葉にシンボライズされる住民管理という問題は、七〇年代始めには、それだけですごくみんなピンときたんだよね。「狼が来るぞ」といってきたのが、いまや狼が日常化してしまった。ただ、区民の側からすれば、事態がそんなに進展してるということは見えてないから、意識のギャップはあるかもしれない。

現場的には、たしかに電算化されて仕事は楽になったけど、その分人も減らされているから楽ではない。でも、単純労働はかなり軽減されたんで、自治体職員の反発のエネルギーが失われていったというのは、事実だと思います。他の組合の話を聞くと、執行部が反対の方針を提起しても、現場が反発して運動にならないで電算化が進んでしまったということがあります。

井上　私も昔は文章やチラシを作るのもほとんど手書きだったけど、いまはパソコン使ってますから。そういうことがあたりまえになってしまうと、便利な方へ便利な方へと意識がいってしまって、コンピュータそのものへの抵抗感が薄れていった。

柏木　九八年六月に、コンピュータ合理化研究会が学習会をやってるんですね。私自身は出てないんだけど、参加した人の話では、このときすでに、昔と違って総背番号制反対ということで運動がワッと盛り上がるなんてことはない、とみんな思っていたというんです。ただ、今現在のことを考えると、メディア規制法案が語られる際に必ず住基ネットが枕詞としてつくわけでしょう。内容は語られていないにせよ。『毎日新聞』の報道のしかたなんかそうですね。そのあたりちょっと違ってきた。

若尾　世田谷の場合自治労じゃなくて、共産党系の自治労連が執行部を握ってるんですが、ここは方針としては住基ネット反対を一応言ってました。ただ、現場レベルで話が出るとか、組合として何か取り組むということは一切なかったです。

宮崎　私はこの法案が上程された九八年三月一〇日って、まったく記憶がないんですね。何をやってたのかな。実際に審議が始まったのは、その一年後ぐらいでしたよね。

佐藤　一年間審議なしで、上程されっぱなしだったんだ。

柏木　宮崎さんがやっていた巨大情報システムを考える会のよびかけで、「住民票の国民総背番号制の導入を許さない声明」が、法案上程直後に、いくつかの市民グループの連名で出されていますよ（笑）。ここに持ってきてあります。

宮崎　ほんとだ。これ、私が原案を書いたんですよ（笑）。ちゃんとやってたんだな。

真島　戸籍と天皇制研究会の中でも、戸籍のコンピュータ化、そして住民記録システムのネットワーク化の問題は、ずっと議論してきたから。

宮崎　問題意識はあったけど、運動にはなっていなかったということですね。

真島　僕たちも、すぐ通ってしまうだろうと思って、運動をやろうという風にはならなかった。

佐藤　でも、いくつか勉強会はあったね。

桜井　さっき関西の人にこの話を聞いたと私は言ったんですが、その人がまさに佐藤さんの言われた婚外子差別問題に取り組んでいる人だったと記憶しています。関西の反天皇制運動の文脈で、私に連絡が来たんだけれど、そもそもそういう法案自体が上程されていたってことを知らなかったからびっくりして。それってもしかして、昔世間を騒がせた「国民総背番号制」ってやつ？　なんて聞いて、すごく馬鹿にされた記憶があります（笑）。自治労がもう少し頑張っていればという佐藤さんのお話しは私には実感はないんですが、結局、この問題の重要性を誰もわかっていなかった、ということだったと思うんですね。

◆バーコードをゼッケンにして渋谷をデモ

佐藤　とにかく、運動を立ち上げようということで、急遽みんなが集まって、一二月一九日に集会をやろうということになったわけだね。最初僕はその動きの中にいなかったので、誰か教えて欲しいんだけど。

宮崎　古くから住基ネットの問題に着目していて、広く運動を立ち上げようと考えていた白石孝さんのよびかけで、この問題で二月二三日に神楽坂のエミールで会合をもったんですよ。三〇人くらい集まったんじゃないか。どう反対運動を作っていこうかということを相談した。

柏木　「プライバシー・アクション」の白石さんなんかを中心にして、「新たな国民総背番号制度の導入に反対する共同アピール」というのも当時出されています。これはもう、本当に有名人を集めたアピール。

宮崎　ただ、そういう有名人アピールを出すとかはするんだけど、大衆的な運動をどう作っていくかという話にはあまりならなくて。ただ、さっきも言ったように、記憶がはっきりしてなくて……。

桜井　私がはっきり記憶しているのは関西から、反対声明だったと思いますがその文案が送られてきて、そこには佐藤文明さんの名前もあった。というより、佐藤さんが書いた文案だったんじゃないかな。で、佐藤さんは東京なんだし、戸籍と天皇制研究会に相談して東京でも運動をはじめたほうがいいんじゃないか、って思った。それで真島さんたちに相談したような記憶がある。だから、白石さんというかＰＩＪの運動の流れがあって、同時に関西ルートの動きと連動して私たちの動きも別個に始まったということだと思うんです。

真島　だから桜井さんにハッパをかけられてやらざるをえなくなった（笑）。

井上　それで宮崎さんに呼びかけられて、僕たちは五月か六月に会合を持った。佐藤さんはまた、別の人たちと運動を準備していて、最終的に合流したのは秋ごろだったかな。

原田 そうやって一二月一九日の渋谷の集会のための実行委員会を作って、いまここにいるメンバーが集まったということになる。

真島 そこに、白石さんなんかも、パネラーとして参加してもらったわけね。

柏木 審議がどうなるかわからないから、月一回は最低集まって情報交換しながら、集会を準備しようということだった。

桜井 一二月一九日の渋谷の集会は、六〇人くらい集まりましたね。いま思い出したんだけど、佐藤さんが先ほど、住民票のない人、つまり外国人に対する差別があるって言いましたけれど、この集会で、外登法の問題をずっとやってきたパネラーの一人である中村利也さんが、ちょっとちがうアングルだったかもしれませんが、ちゃんとその問題を指摘しているんですね。

佐藤 そう、そのときは指摘があったんです。ただ、この集まりはあくまでその一二月集会限りの実行委員会で、その後に継承はされなかった。継続して問題に取り組んでいこうというのは、集会のあとの総括としてでてきたことだよね。

宮崎 それが「番号管理・情報監視はいやだ!市民行動」ですね。九九年の一月に結成した。それですぐ、三月二八日に集会をやろうということになった。国会に上程されていた法案がついに審議入りするっていう情報が入って、緊急に計画したんですね。

佐藤 三月末か四月初めには審議入りっていう情報だった。

桜井 「国旗国歌法」や「組対法」なんかと一緒に話が出てきていて、緊迫した感じだったのを覚えてます。

佐藤　「国旗国歌法」は、いったん見送るって野中官房長官が口にした時期だったんじゃないかな。当時はまだ公明党が与党じゃなくて、審議途中で与党入りしたはず。ただこの時期、政党レベルで住基ネットの賛成・反対を表明していた党はなかったよね。ただ、共産党は反対するだろうと。社民党は危ない。民主・公明はアイマイ。ただ、公明党が与党化したおかげで、民主・社民が反対のほうに大きくふれたんじゃないかと思う。政界再編を見越した手探り状態の中で、各党ともバランスを取るのに必死で、見合い状態だったよね。

それで三月二八日の集会についてだけど……。

宮崎　みんなでバーコードのゼッケンを着けて、渋谷をデモしたわけだけど、住基のテーマで街頭に出たというのは初めてですよね。非常に良かった。

真島　『週刊プレイボーイ』にも写真が載ったよね。

桜井　このときには、とにかく外に出て訴えなきゃいけないっていう思いが強かった。いま何が国会ですすんでいるのか、知らせていかなくては、って。

佐藤　ちょうどその頃、斎藤貴男さんの『プライバシー・クライシス』（文春新書）という本が出て、情報監視社会がどんなものかを広くアピールするのに、とても役だったよね。

井上　三月二八日は日曜で人も多かったけど、渋谷の公園通りをデモして、リーフレットの受け取りもすごくよかったですね。

原田　それはよかったけど、子どもに「この人たち何してるの？」って聞かれたお父さんが、「世の中が便利になることに反対しているんだよ」って答えてたとか（笑）。

井上　ハチ公前に監視カメラがあるんですよ。それでデモの中から街の人たちに、これで僕らみんな監視されてるんですよって叫んだら、みんな振り返って見てましたね。

桜井　Nシステムの存在が注目され始めた頃でしたよね。あと、集会で披露された佐藤文明さんの歌ですよ。「ごめんだ音頭」（笑）。

佐藤　シンガーの館野公一さんにギター弾いてもらって歌ったんだよ。

宮崎　集会では、リレートークをやったんですよね。これもけっこうな顔ぶれじゃないですか。部落解放同盟都連の人や、日本消費者連盟の富山洋子さん、斎藤貴男さんや社民党の保坂展人議員。いい集会でしたよね。この日がなければ、その後の運動はなかったんじゃないかな。

柏木　みんな普段は行かないようなところまで、ずいぶん置きビラしに行きましたよね。

◆混乱する審議内容

佐藤　それで、具体的に審議入りがなされて、反対運動に全力を投球するわけだけれども、そのまえに僕たちは、市民行動を、法案が決着したら解散しようと申し合わせていたんだよね。個別目的が決着したら閉じようと。だから六月アタマには終わるつもりでいたら大幅な会期延長でしょう。疲れたよね（笑）。

桜井　月に二、三回会議をやって、いろいろな行動も入れて、家に帰ったらチラシを作って、しかも他のいろんなことをやりながらね。えらいっ！（笑）

佐藤　五月には衆議院の地方行政委員会の傍聴もしたし。これは井上さんがかなり頻繁に通って、その都度詳しい報告をしてくれたから、ずいぶんわからないことがわかったよね。

井上　国会の中に入ったのは、中学校の社会科見学以来でしたから（笑）。初めて傍聴に行って、厳しい身体検査もされたんだけど、議員の紹介がないと傍聴できないというのにはびっくりしました。

傍聴した感触ですけど、議員が法案の中味を全然理解してないんですね。質問は事前に通告しておくんですが、明らかに法案を読んでいない。答える自治省の側は、一人一人の質問者に対して、分厚いカバンいっぱいの想定問答集を作っていて、それを読み上げるだけなので余裕たっぷり。覗きこんで見たら、一枚一枚に回答を作った職員の自宅の電話番号まで書いてあった。

宮崎　議員が不勉強なうえに、相手がそこまで用意周到じゃあ歯が立たないはずだよね。
井上　全体的なトーンは、本人確認情報が漏洩するんじゃないかという議論がメインでしたね。そもそも個人情報に共通番号を付けて国が一元管理することがどうなのかという議論は、やはり弱かった。耳にタコができちゃったんですが、自治省が何度も繰り返したのが「このシステムは、市町村と都道府県が連携して構築する分散分権的なシステムであり、地方分権の推進に資するものであると考えております」という回答。全くふざけた言い方ですよ。
原田　現実には、自治省や地方自治情報センターが音頭をとって、山のような通知を自治体に送って住基ネットを開発させてるんだから、どこが地方分権だという話だよね。
井上　それから審議の過程では、ネット上に流れるのは本人確認情報だけだという言い方がされていました。
佐藤　政府はいつも、このシステムで扱うのは五情報（氏名・住所・生年月日・性別・番号）プラス１（それらの変更情報）だと言ってきたからね。
原田　法案を読めばそれだけじゃない、とわかるのにね。それだけじゃ別の自治体で住民票を発行することも、転出証明書を省略した転入届を受付けることもできない。
若尾　そもそも事務の流れがわかっていないんでしょうね。
井上　四月二七日に、衆議院地方行政委員会で共産党の春名議員が、ネット上を流れる情報は何と何で、そのうち全国センターに蓄積される情報は何かと、ちゃんと質問してるんですよ。でも他人の質疑は聴いてないんですね。その後はずっと五情報プラス１で行っちゃいましたね。

[コラム] 住基ネット全国センターと総務省のあやしい関係

住基ネットを住基ネットたらしめるファクターはいくつかあるが、これなくしてはできまいぞ、というのが住基ネット全国センターというやつだ。

全国の自治体から「国民」の個人情報「氏名、生年月日、性別、住所、住民票コード、(あわよくば各自治体の制令で定める事項——個人情報も)」を根こそぎかき集め、管理しようというとんでもないネットワークセンターなのだ。しかも、政府機関からはとりあえず第三者風を装うこのセンターの介在が、「国民総背番号ではない」という政府側のギリギリのエクスキューズを許し、そのことで抵抗勢力の批判をかわしてきたのだ。九九年の住基法改悪もこの小細工なしでは難しかったに違いない。

住基ネットシステムにおけるこのセンターの役割、すなわち問題については本文に任せるとして、重要にして曖昧、その実態を住基ネットとセットでは決して大っぴらに明かさないそのセンターとは、一体なにものぞ。というわけで、少しばかり調べてみた。

この住基ネット全国センターは総務省外郭団体である財団法人地方自治情報センターにある。この総務省(旧自治省)の天下り団体である地方自治情報センターが、総務省の連絡(支持)の下で日頃何をやっているかをみれば、総務省が何を企んでいるのかのおおよその検討はつくだろう。

七〇年に設立したセンターの「設立の主旨」には、「地方公共団体におけるコンピュータの有効かつ適切な利用の促進を図るため、地方公共団体の総意によりコンピュータの専門機関として創設」とある。どのように総意が確認されたのか、憲法第一条「象徴天皇」の条項を思い出させるいかにもインチキな話である。それはともかく、とにかくコンピュータの専門機関であり、「コンピュータの有効かつ適切な利用の促進を図るため」にあるのだそうだ。しかし当然のことながら、現実はこんな漠とした一般的な話ではない。

このセンターの主な事業として、教育研修、研究開発、相談助言・情報提供、普及広報、情報処理、電子自治体推進市町村サポートなどがあげられている。これらについてはある程度センターのホームページでも読める（とはいえ、マル秘情報がどれくらいあるかは当然ながらわかりようもない）。それらを斜め読みするとわかることだが、ここにあげられている事業はすべて、電子政府ならぬ電子自治体を推進するための活動であった。

たとえば情報提供として、『地域ＩＴ通信』の年間二〇回程度の発行。インターネットによるさまざまな関連情報の提供、「全国を八ブロックに分け、二日間にわたって地方にて開催」する「電子自治体ＩＴフェア」、ショールームの紹介（内実はＮＴＴやアイ・ビー・エム、日本電気、マイクロソフト等々が開催するショールームのことで、なんのことはない、企業との癒着が丸見えのテクノルームである）、市町村ＩＴ展示ルーム。相談助言として、具体的方策に関する紹介や相談に対する個別相談や、アドバイザーの派遣。地域ＩＴ推進啓発としてセミナーの開催と講師の紹介・派遣（『平成一四年度、電子自治体推進市町村サポート事業の概要』二〇〇二年三月）。

どうしてこんな大きなお節介をやくのだろう。

総務省大臣官房政策統括官の大野慎一は、『地域ＩＴ通信』の「電子政府・電子自治体の推進」という文章で次のように書いている。「（総務省は）地方公共団体間及び地方公共団体と国をネットワークで結ぶ総合行政ネットワーク（ＬＧＷＡＮ）の整備、……を行って参りました。……、八月には住民基本台帳ネットワークシステムが稼働することになっております。／この四月から大臣官房に政策統括官（電子政府／電子自治体担当）を新たに設置し、電子政府・電子自治体関係部局の（行政管理局、自治行政局および情報通信政策局）の連携を円滑かつ確実に行うこととしました」（一四号　二〇〇二年四月三〇日）。

同じ号でセンターの市町村ITサポート室は「当センターは、このような国・地方を通ずる情報化をめぐる環境の急激な進展に適切に対応するために、電子自治体推進を支援する『電子自体推進市町村サポート事業』を平成13年度より行っております」と書いている。

読んでのとおり、総務省の意向に添った事業の遂行がセンターの本務なのだ。要するに、役所つとめの役人ではとても担いきれないコンピュータ関連事業のエキスパートが、主にテクノロジー面で総務省サポートのために日夜働いているところが、地方自治情報センターなのだ。言ってしまえば総務省にとってはこのセンターはフリーハンドに等しい。

こんなところに、われわれの個人情報が一括管理されるというわけ。政府による一元管理ではないなどという寝ぼけたお話を、どうやったら信じらるというのだろう。五月末に発覚し、大問題となった、防衛庁における情報公開請求者の個人情報が、庁内のネット上で回覧されていたというゾッとする事件を思い出すまでもない。官僚役人もそこにベッタリの外郭団体職員も、信用などまったくできないのだ。

（桜井大子）

宮崎　おんなじことが法案成立後の国会でも繰り返されたようですね。流れるのは五情報だけ、と、野党の質問に自治大臣が答えた。それを事務方が修正して、議場が騒然とした、とか。

原田　五情報プラス1はストックされるが、残りの情報はストックされずに流れるだけ、という説明ですね。

井上　そんなことは聞いていなかった、だまされた、大臣までがだまされていたのだからけしからん、という騒ぎだったようですね。

佐藤　自治省の役人は、事前のレクチャーでうまいこと言っていたのでしょう。でも、五情報ではすまないことはわれわれも指摘していたし、法案を読めばわかること。大臣も議員も相当レベルが低いと考えなきゃ、ね。

井上　せっかく傍聴に行っても、そんなやりとりを聞かされると、イライラしちゃうんですよ。それで委員会の名簿を調べて、議員にファックスを送ったんです。こういう問題を質問した方がいい、あの質問は認識が間違っている、って。読まれているのかどうかわからなかったのですが、ある日、傍聴していたら質問していた議員が突然、「実は私のところに、この委員会の審議を聞いて、ファックスを下さる方が大勢いらっしゃいます。ここに来まして『住基法改悪の政府原案を廃案にしてください！』こういうファックスが多数寄せられています。ファックスをいただいた方の御了解をとっていないので名前は伏せますが、ちょっと御紹介させていただきます」と言って、私の送ったファックスを読み上げて質問したんです。

真島　あの時は、びっくりしたでしょう。

井上　名前を伏せなくてもいいですよって、叫びたいぐらいでした。それでいっそう傍聴するのが楽しくなっちゃって、またコツコツとファックスを送っちゃいました（笑）。傍聴行動も一方通行じゃなくて、ファックスやメールを送るのも有効なんだ、ってことがわかりました。

ところで、衆議院での審議の途中から公明党が与党化して、個人情報保護法案を作れば賛成だという姿勢に転換しましたよね。公明党の議員の中には、結構いい質問をした人もいたんですが、採決の段になるとさっさと法案に賛成してしまう。この質問内容でどうして賛成なんだろう、って思いました。

佐藤　逆に民主党の地行委員なんか、特に参院のそれは自治労出身者が多くて、本音は法案に賛成なんですね。自治省サイドを応援するような質問ばかりする。でも、採択の際は反対に回る。ねじれてるんだ。民主党の地行委員に対して反対の申し入れに行ったことがある。そうしたら自分たちはもう反対なんだから、あんたたちと会う必要はないって断られた。失礼な言い方だったよ。

井上　あと、国会審議のなかでタイムリーな質問だったのが、オウム真理教信者の転出届を受理して転出証明書は出したのに、転出先の自治体が転入届を受理しないで、各地で裁判になっている事件。自治省にしてみれば、国民全員に漏れなく番号を付けて管理したいんだけど、地元の気持ちもわからなくはないんで強くは言えない。質問したのは参議院の公明党の委員なんですが、オウムの問題としてではなく、住民基本台帳事務のあり方として自治省はこういう事態を容認するのか、と迫ったんです。いつも明快な答弁をしていた野田自治大臣も、このときばかりは歯切れの悪い答弁に終始してましたね。

佐藤　ひどいやり方だよね。地元町内会と警察が連携して、住基法違反のこんな手口を考えたんだと見ているんだけどね。

井上　こんなタイムリーな質疑がされているのに、マスコミはどこも取り上げてないんです。始めから委員会審議を取材に来ていないんですから。たまに住基ネットを取り上げたかと思うと、自治省のプレス発表の引き写しで、提灯記事ばかり。自治省の宣伝文句を鵜呑みにしているから、内容も間違いだらけでしたね。

◆いろんな悪法とセットで通過

宮崎　六月一五日の衆院での可決に続いて、八月一二日には参議院本会議で可決され、改正住基法は成立してしまったわけだけれど、そこにいたる過程でいま言われたような傍聴行動と共に、国会議面前行動が取り組まれましたね。「組対法」と「国旗・国歌法」と住基法がセットになって出てきたという感じがあって、これらを一連のものとして反対する行動が追求されたと思います。もし住基法単発だったらどうだったかな。

原田　確かに、あれだけいろんな法案がどっと出てきて、これは大変だという流れがあったから盛り上がったと言えるけど、住基だけじゃどこまで浸透したか。

佐藤　最終段階の議面前行動は、ほんとうに各課題がいっしょくたになって、この国会そのものに抗議するという形だった。いろんなのぼりが立っていたもの。ただ、組対法とセットで住基が取り上げられることはあっても、住基がそれ独自で取り上げられることはあまりなかったな。

桜井　治安立法のひとつとして、組対法と住基を位置づけて反対するという意識は運動の中にははっきりあったと思うんだけど。

宮崎　どうかな、住基が治安立法だという言い方は、そんなにされてきたかな。

桜井　私たちの反安保の実行委員会の中では九八年ごろからそう言ってきた。ただ、それが一般的かどうかと言うのは確かにあるけれど。

佐藤　運動の中ではそういう匂いをかぎつけていた部分は確かにあったと思うよ。ただ、それがはっきりと共有されたのは、小沢一郎が向こう側から言ったあの発言でしょう。

桜井　そうだねー。小沢がもっとこの発言を早く言ってくれれば運動盛り上がったのにね、なんて言ってたよね（笑）。

原田　そのときの新聞記事がここにあるよ。「自由党の小沢党首が六日、東京経団連で講演し、すべての国民の住民票に番号を付けて一元的に管理するための住民基本台帳法改正案について『政府は安全保障や治安維持には使わないと言う。そこで使わないとなんのためにやるんだ。正面から「治安の維持に必要だ」「プライバシーを守るために厳重な濫用禁止の規定を設けます」といえばことがすむ』と述べ、プライバシーの保護を厳重にした上で、治安維持のためにも活用すべきだとの考えを示した」。これが九九年七月七日の『朝日新聞』に載ったんだ。これがこの法案の正体だよね。隠しつづけてきたのを、小沢がばらしてしまった。

桜井　私たちがそうだって言い続けてきたのに聞きゃしないで、小沢が言ったらはじめて危機感を持つなんて、これって運動の弱さかねえ。

宮崎　それはそういうもんでしょう（笑）。

佐藤　自民党もはじめはこの法律に興味を持ってなかったんだよ。それが朝鮮半島情勢のからみで、この地で紛争がおこって大量の難民が日本に押し寄せてきたとき、これを管理したり追い返したりするために、こういう住民管理システムが必要なんだって自治省が言い出して、自民党が乗ってきたという経緯がある。始めから治安目的なんだ。その話は全部伏せられているけれど。九五年の中間試案の時には、震災の際の死者の確認に必要だから、なんて言い方もしていた。これも、どさくさに乗じて難民が紛れ込むのを防止したい、というのが本音だったんだけどね。

それにしても、八月一二日の参院での採決は異様だったよね。僕も連日国会に通っていて、疲れはてて一二日は帰っちゃったんだけれども、一一日に組対法のために本会議が開かれて採決されたあと、そのまま閉じずに住基法の採択に移っちゃったんだから。

宮崎　だから一応、反対の議員は牛歩もやったんですよ。でも、組対法の牛歩でもう疲れはてていたから、あんまり長くできなかった。

佐藤　普通だったら、個別に本会議を開く場合、事前に国対が集まって相談して本会議を開くもんだけど、そういう隙を与えなかったんだ。まさに時間との闘いだった。さっきも少し出たけど、民主党が党としてどこまで踏ん張るかで、法案成立を阻止できる可能性がまったくゼロとはいえなかった。

真島　委員会採決を省略して本会議にかける場合、委員長の本会議での報告が必要になる。で、

〔コラム〕総務省という官庁

戦前、「省の中の省」として君臨していたのが内務省（戦時は軍だったが、内務省もこれに対抗して立法府の監視が及ばない「大政翼賛会」を組織した）で、戦後、戦犯として自治庁、警察庁、法務省出入国管理局（他に労働省、運輸省、建設省など）に解体されます。

大蔵省も解体の対象でしたが、アメリカの方針が変わって、日本が防共の砦として期待され始めると、G2（参謀二課）は旧内務省と接近（警察予備隊＝自衛隊、公安調査庁、内閣調査室などを設立）。日本の民主化を進めたGS（民生局）は大蔵省を立てて、これに対抗します。

予算の編成権を持つ大蔵省が、内務省無き後の「省の中の省」の地位に就き、その地位を守るため、内務省の復活を許さなかったのです（軍事費の一％枠というのも大蔵省が編み出したもの）。

内務省復活の急先鋒は自治省で、大蔵叩きを続けた（地方交付金の創設、道路財源の確保、納税庁構想、行政コードへの抵抗、金融庁構想など）が、優位に立ったのは内務省出身の中曽根内閣が登場してから。彼が厚遇した警察官僚の後藤田は内務省時代の組合委員長で、解体後の職員の身の振り方で、G2やCIAの世話になっている人物でした。

中曽根内閣を境に、旧内務省人脈の政府内権限が強まったが、バブルの崩壊が大蔵の予算編成権を狭めたことで、この人脈が一層の結束を図りはじめます。

これを恐れた橋本内閣のブレーンが「橋本行革」の自民党素案で、自治省解体を明記（地方分権と、残務の総務庁、厚生省への分配）。自治省が反撃にでたのが一九九四年のことです。なぜかその頃、大蔵・厚生の不祥事が相次ぎ、事務次官、局長が逮捕されています。

その結果、自治省は丸ごと総務庁と合体（力からいって総務庁の併合）、総務省となって、通産省が欲しがっていた郵政省まで転がり込むありさま（郵政民営化に怯えた郵政省が大樹の陰に入ることを望んだ結果）で、わが世の春。二〇〇一年の正月は事実上の内務省復活が祝われたのでした。

総務省は巨大利権の源泉である国土交通省を分離したままで、一見、戦前の力を回復していないように見えます。しかし、二一世紀はＩＴと通信の時代。戦前、手にしていなかった郵政省を持ったことは凄まじいパワーを手に入れたことになります。まずは巨大データの掌握（日本最大の個人データは郵貯、次いで簡保、さらには七桁郵便番号と連動した各戸配達情報があります）。それに放送の支配、インターネットなどの監督です。

それに選挙。戦前、翼賛選挙を演出した経験を持つ同省は、戦後も選挙に強い省（自民党内に自治省解体論が出たとき、自治省は賛成する議員は次の選挙で落選させる、と脅して反撃した）でした。いまでも都道府県知事の三分の一が自治官僚です。これが自民党の集票マシーンと呼ばれる特定郵便局のネットワークを手に入れたのです。

総務省は影の総理・野中広務と蜜月旅行。ほおっておけば超権力に育ってしまうことを恐れた大蔵省が仕掛けた加藤の乱は不発。予定外だった小泉の乱が成功して、いまは守りに入っています。しかし骨抜き郵政四法案、政府機関の個人情報保護法案、そして住基ネットの別表拡張法案（個人認証システムでは通産、法務の領域を侵している）。総務省はさらに超権力の階段を上ろうとしています。（佐藤文明）

あのときの地方行政警察委員会の委員長は民主党だった。緊急事態でもないのに委員会無視の本会議採決をしようというのだから、報告を拒否する大義名分はあった。

若尾 そう。拒否すれば法案成立は止められた。

宮崎 出来芝居だったんでしょう。自民党と委員長の間にはそういうストーリーでの合意があった。

井上 そうでしょう。そうに違いない。参議院地行警察委の民主党は最初から変だった。党は反対なのに、委員はみんな腹の内では賛成で、質問も反対質問ではなく内実は自治省の応援団になっていた。

原田 一口でいえば、なんで納税者番号に使わないんだ、利用範囲が狭すぎるから反対だ、という論調。

佐藤 民主党の委員の多くが自治労の出身で、自治労本部が自治省とつるんで、納税者番号を住基でやるよう画策していたからなんです。

井上 面従腹背ならぬ面背腹従ってやつですね。公明党の委員はその逆で、党は賛成なのに委員は反対。鋭い質問をしていましたからねえ。おかしなもんです。

宮崎 民主党の名誉のためにつけ加えておけば、住基ネット反対の急先鋒は民主党の河村たかし代議士で、彼は参議院の委員会にも傍聴にやってきて、政府答弁のいいかげんさにヤジっていました。

◆法案成立後の再出発

佐藤　まあ、敗北は予想通りだったとはいえ、やはりどうしてそうなったのかということは考えておく必要があるね。

桜井　やっぱり、わかりにくいことをわかりやすく伝えきれなかったっていうことが、大きかったと思うな。

佐藤　組織型の運動がまるで当てにできなくなっているなかで、小さな市民運動がそれを担わなければならなくなったということだよね。その意味では僕らは最低限の役割は果たしたと言っていいと思う。

柏木　組織型の運動というのも、細々とは残っていましたよね。それがはっきりともうだめだというところにいく、過渡期の運動だったかもしれない。

佐藤　総評型の運動スタイルね。

井上　自治労なんかでも、本部で方針が決まれば、中央集会をやって、国会要請行動を組んで、地方組織をそれに動員して、っていうパターンがいまでもあるから。今回も上が動かなければ、何もできない。実際には、地方で個別に動いていた部分もあるんだけれども。

佐藤　桜井さんの言う、テーマのわかりにくさをわかりやすく、っていうのは、これとも関連してるよね。動員型の運動構造なら、上の部分だけにわからせればいいということになるんだから。そのへんあんまり努力しないですんでしまう。

宮崎　組対法の場合、盗聴法っていううまいネーミングがあって、盗聴自体恐ろしいと誰だって思うから、よくわかるということはあると思う。それに比べると住基ネットで番号が付けられて、それでどういう問題があるの、っていう話になると、やはり抽象的というか、具体的に提起できない部分がある。

私たちの運動って、そういう危険性の存在を常に「予言」するわけじゃないですか。それを具体的な実感として、どこまで打ち出せるのかということの難しさがあったと思う。すでにみんないろんな番号を持っているし、カードも持っているわけですね。それに対する感覚が麻痺している中で、カッコ付きの全国民に番号がふられることの危険性を、どう訴えることができるのか。

原田　いま、防衛庁が情報公開で資料申請した人の、思想信条に関わるような個人情報まで集めていた件がクローズアップされてますよね。今は住基ネットがないから、ああいうかたちで別個に特別リストを作っていて、それがばれてしまったわけだけれども、住基システムが稼動して行政情報が共有化されるようになると、これこれの人間がどういう人物であるか、少なくとも行政に蓄積されている情報は瞬時に、端末の前で把握することができるわけですよ。なんの証拠も残さずに。

宮崎　ああいう事件がおこるよ、と私らは言い続けてきたわけでしょう。でも、実際にそれが起こるまでは、「狼少年」としか思われない。

桜井　自治体が個人情報を流していたとか、巨大総合病院が個人の病歴データを流していたとか、そういう事件は今でもたくさんありますよ。

原田　でも、問題を漏洩だけに限ってしまうと、だからきちんと規制しましょうっていう話にしかならない。住基ネットができれば、あんなドジを踏むことなく、行政はきちんと欲しい情報を入手することができる、っていうことが問題。

佐藤　そう。僕らとしては漏洩が問題なのではなく、きちんとストックされてしまうことを問題にしてきた。それはともかく、僕らはこういうかたちで敗北した。その結果、総括会議をもって市民行動は九月末に解散するということになった。

宮崎　それで、あらためて二か月に一回の割合で講座をやろうということになって、二〇〇〇年一月にその第一回をやるんだけれども、そのときの名称が井上さん提案の「やぶれっ！『住基ネット』市民講座」。

井上　いろんな案が出た。「やぶれっ！かぶるな住基ネット」とか。

宮崎　一度それで決まりかけたのに、それじゃなんだかわからないよ、って強い反対もあって。

桜井　私はかなりその名前が気に入って、会議の前日、夜遅くまでかかって「やぶれっ！かぶるな」でチラシ作ったのに、やっぱり名前を変えようって作りなおしさせられた（笑）。

原田　この間忙しく進んできたから、ここでちょっとペースを落として、僕らもちょっとわからないこともあるよね、ということで勉強してみようということで講座を始めたわけね。

宮崎　この講座のときには、白石さんなんかにも企画段階でずいぶん協力してもらいました。

◆自治体レベルの可能性

原田　講座もそうだけれど、情報交換を通じていろいろ見えてきた部分が大きかった。ちょうどその頃から世田谷などでも役所に対して文句言ったりし始めたんだけれど、法案が成立してそれで運動を途切らせてしまっていたら、そういうこともできなかった。法案が成立しちゃったら、あとは水面下に潜ってしまって、具体的に何がどう進んでいるのか、まったくわからないんだから。

佐藤　法案成立以降、具体的に準備段階を迎えて、国から都道府県レベルへの説明会なんかが行われることになる。そのへんの情報は、白石さんにずいぶん教えてもらった。

法案が通ったからそれで終わりということにはならなくて、僕らが講座という形であれ運動を継続することになったのは、やはり住基ネットが番号は三年以内、カードが五年以内に施行されるという条件が付いていたからで、そこでものを言っていく余地があるからだよね。

井上　今回の改正法の中味は政省令で決めるという事項が多いんですね。法律の条文を読んだだけでは、何を言ってるのかさっぱりわからない。だから、政省令の中味をきちんと見ていかないと、とんでもないことが盛り込まれていくおそれが多い。たとえば、住基カードなんか、法律で決まっている記録項目は氏名と番号だけ。八〇〇〇文字分も記憶容量があるＩＣカードを使おうとしているけど、何が記憶されるかわからない。

宮崎　いろんな角度から住基ネットの問題点を考えるということで六回の講座をやってきて、それなりに成功だったと思います。細かいところまでは必ずしも講座では詰められなかったけれども、外国人登録の問題だとか、諸外国の例だとか、自治体現場がどうなっているかということで、監視社会の現在がどうなっているのか、多面的に見えてきたという気がする。

桜井　内容も良かったけれど、たとえば私が地域で一緒にやっている区議が講座に来て、それで議会でも質問してくれるとか、そういう広がりも持てたと思う。決まってしまった中でも、できることがあって、そういうことの足掛かりを講座で提供できた。

原田　杉並区議の富沢よし子さんも、この講座の講師になったので、住基ネットを区議会で質問項目に入れた、と話していた。区長は民主党の推薦をもらってたんで、民主党の河村たかしさんに連絡とって、山田区長に電話を入れてもらったり。議会では区長は答弁しなかったけど、部長が「住基ネットには慎重にならざるをえない」と答弁した。あとで聞いたら、区長が「絶対反対する」と部長会で持論を展開したという。そのあと、六月議会で山田区長が、不参加もありうると答弁したわけで、この講座の「おかげ」といえるんじゃない？

井上　民主党は廃止法案を出したでしょう。ところがそれを民主党の区議が知らなくて、一回成立した法律に反対できないって言ったそうですよ（笑）。

佐藤　この山田区長もそうだけど、「自由主義」の立場からの反対論が、この頃からずいぶん出てき始めたね。

原田　櫻井よしことか。こういう人たちが法案成立前に今みたいに活発に動いていれば、全然違ったはずだよ。

桜井　メディアの取り上げ方が、違ったでしょうね。

宮崎　こういう著名人が反対する理由ってのは、やっぱり自分のプライバシーを知られたくない、ということでしょう。だから櫻井よしこが呼びかけてグループ作ってるけど、芸能人が多いじゃないですか、すごく。番号ふられて情報収集されるのはいやだ、と。有名じゃない人に比べて危機意識が高いんじゃないかな。

桜井　櫻井よしこのプライバシーは、桜井大子の百倍は高く売れるでしょう（笑）。その分、もれる確率は高いし、危機感も高くなるんじゃない？

佐藤　見落としていけないのは税金。納税者番号に対する危機感だろうね。そういう意味では、こいつには番号付けた方がいいという奴もいるのかもしれないけど（笑）。あと、別の側面から反対している右のグループもいるよ。というのは、こういう形で情報を一元管理して、もし外国に漏洩したらどうするんだっていうもの。「国防」の観点からの反対論です。北欧なんか、第二次大戦中に情報を全部ドイツに抜かれたという苦い経験があるから、そういう意味で情報を集中するような方向はとらないでやっている。

桜井　コンピュータは絶対ハッキングされますよね。エシュロンもこれに関わってくるでしょう。

宮崎　エシュロンに関する本なんかも、だから元自衛官だとか、どちらかというと右の方から出ているね。あと、『産経新聞』とか。国益を犯されるということからの反対論ですね。

佐藤　そういう点で、最大の能力を持っているのはアメリカだよね。安保条約上（および地位協定）からいっても日本の情報はアメリカに筒抜けなのだから、こんなに危ないことはない。

原田　アメリカは、昨年の九・一一の事件のあと、サイバースペース・セキュリティ担当の大統

〔コラム〕住基ネット不参加を貫け杉並区

二〇〇〇年六月一四日、山田区長は「住民台帳ネットワーク化は個人情報の保護上の危惧はぬぐえない」「生まれたての赤ちゃんにまで番号をつけていくということは、個人の情報を一元的に整理整とんする可能性がでてきた」「費用対効果といった点でも問題が多い」「極めて慎重に対応すべき」と、区議会で答弁しました。これは第二回杉並区議会定例会で自民党河野議員の一般質問へ答えたもので、当日のNHKテレビで放映され、翌日の新聞各紙を賑わせました。住基ネットに対して、それまでも区は慎重姿勢をとっていましたが、区長自ら共通番号制への批判を公にしたことで、反対へ大きく踏み込んだように印象づけました。議会答弁より、その後の記者会見等での見解が大きく見出しに取り上げられ、演出効果満点でした。その後、七月一五日に掲載された『朝日新聞』論壇への投稿を皮切りに、新聞雑誌にしばしば登場しました。論壇では、「六月一四日の議会答弁」は「自律した自由社会を愛するための発言だった」と個人番号の一元化への警鐘を展開しました。八月一七日、『毎日新聞』夕刊のインタビュー記事は、四段抜きで、杉並区長「住民投票も」と出るなど、話題性を作り提供するのが実にうまく、七～八月は山田区長がマスメディアに露出した時期でした。

しかし九月三日、区長は定例記者会見で突然、これまでの慎重姿勢を覆し住基ネット参加を表明します。杉並区住民基本台帳に係る個人情報の保護に関する条例（通称、住基プライバシー条例）とセットで、住基ネット関連の補正予算案を提案し、可決されました。総務省の「改正住基法施行の際に実施が困難であることが明らかとなった時点で違法、施行の時点で違法性が明白になる」との見解等により断念したようです。住基プライバシー条例は、既にある情報公開・個人情報保護条例の特別法とのことですが、わざわざ特別法を作った意味や実効性は疑問です。住基ネット不参加で、断固国と争って欲しいところでした。

二〇〇二年五月に発覚した防衛庁の情報公開請求者リスト作成問題にからめて、五月三一日、杉並区長は住基ネットからの離脱も含め対応を検討することを明らかにしました。六月六日には、総務大臣へ質問状を送っています。今度こそ、アドバルーンに終わらずにその姿勢を貫いて頂きたいものです。

山田宏杉並区長は、都議会議員二期八年を経て、九三年日本新党から衆議院議員となりましたが、小選挙区制の導入された二期目の九六年に同じ選挙区の石原伸晃議員に破れ、九九年四月に区長に当選しました。松下政経塾第二期生です。就任直後の五月初旬から、区庁舎前の日の丸常時掲揚を皮切りに、扶桑社の教科書採択をもくろむ教育委員を選任、防災訓練に初めて自衛隊を呼ぶなど石原慎太郎ばりの区政運営、そして学校給食や公共施設の民託化、出張所廃止など、グローバリゼーションのもとでの行政改革、民営化路線をすすめています。また校庭芝生化、レジ袋税導入などマスコミ受けする施策を次々に編み出しています。区長を踏み台に国会議員への返り咲きを目指していると言われています。こうした流れの中での住基ネット反対の意味するものを、注意深く検討していく必要があります。（柏木美枝子）

〔コラム〕 諸外国の総背番号制

住基ネットを導入する際、自治省は世界の番号システムの一覧表を添付し、世界でも総背番号制はもうあたりまえで、日本がこれ以上遅れをとらぬためにも、住基法改正が必要だ、と説明しました。

しかし、別表に見るように韓国を除けば全国民を対象とした番号システムを持つ国にはカードがなく、カードがある国（アメリカ、カナダ）では社会保険に加入していない者に番号は振られません。つまり、総背番号制ではないのです。

日本ではアメリカの社会保障番号（social security number）を総背番号だと考える人が少なくありませんが、これはまちがっています。実際にはアメリカの歴代大統領は就任後最初の一般教書演説で、自分の代には総背番号制を導入しないことを誓うことが恒例になっています。つまり、さほどに総背番号制に対する反対が強いのです。

表にはありませんが、シンガポールと韓国の制度が最も厳格なもので、アジアの人権意識の限界を感じざるをえません。しかし、韓国民衆はＩＣカード化を阻止しましたので、日本の住基ネットがスタートすれば、韓国の制度を越えることになります。

別表は政府が配布した一覧表に佐藤が日本と⑨、⑩を加えたものです。ただし、アメリカではセンシティブ・データの規定はないものの、憲法修正条項１条の対象となる事項（思想信条に関するもの）については事実上のセンシティブ・データとみなされています（別表の出典は佐藤文明『個人情報を守るために』緑風出版）。

諸外国の番号制度との比較表

	①国名	②実施時期	③人口	④付番対象者	⑤付番主体	⑥付番時点	⑦カード交付の有無	⑧プライバシー保護措置	⑨センシティブデータの特別規定	⑩筆者による備考
北米型	アメリカ	1936年	約2億5791万人	すべての社会保険対象者及び希望者	社会保険庁	出生時及び申請時	紙製カード	プライバシー法	（あり）	総背番号化を試みたが反対され、総背番号にはしないと約束させられている。
	カナダ	1964年	約2875万人	すべての社会保険対象者及び希望者	人材管理開発省	申請時	プラスチック製カード	プライバシー法	なし	ほとんどアメリカに追従している。
北欧型	スウェーデン	1968年	約875万人	国内に居住するすべての個人	国家租税委員会	出生時（外国人は移住時）	カードなし	データ法	あり	EU加盟の条件の一つとして、見直しを迫られている。
	デンマーク	1968年	約519万人	国内に居住するすべての個人	内務省中央登録局	出生時（外国人は移住時）	カードなし	データファイル法	あり	現在のところ、EU指令には従っていない。
アジア型	韓国	1982年	約4457万人	すべての韓国国籍保有者	内務部	出生時	プラスティック製の住民登録証	個人情報保護法	あり	ICカード化が決められたが、実施直前に廃止された。
	日本（予定）	2002年？	約1億2700万人	住民登録を持つすべての個人	総務省	出生時	希望者にプラスティック製のICカード	包括保護法なし	なし	最悪の韓国よりも⑦～⑨で危険な世界に例を見ない制度。廃止しかない。
	フランス	1941年	約5753万人	フランス国内で生まれた者	国立統計経済研究所	出生時	カードなし	データ保護法	あり	ヴィシー政権が導入したもので、国民の支持はない。カードの導入も廃案になった。
	オーストラリア	1989年	約1766万人	社会保険対象者及び所得税納付者	国税庁	申請時	カードなし	プライバシー法	なし	カードの導入は反対にあって中止された。

領特別補佐官というのを任命して、リチャード・クラークという人なんだけど、それがガバネット構想というのをぶち上げた。住基ネットで使われているIP―VPNという仮想専用回線では、セキュリティ上問題があるんで、政府独自のネットワークを別に作ってしまおうという。でもそのためには莫大なカネがかかるので、すぐ実現しそうにないけど。ただ、彼らなりに、「国防の見地」から、ネットワークの脆弱性に対して危惧を抱いているということはいえると思う。これに比べると日本は、仮想専用回線で個人情報をどんどん流そうとしているんだから。まったく「平和ボケ」してる（笑）。

真島　戦争ができる国じゃないよ。

宮崎　櫻井よしこに戻すと、彼女なんか日本人の特権さえ守られればいいんですよ。たとえば、在日外国人のプライバシーなんか絶対に守ろうなんて言わないよ。

原田　そこまで言い切っちゃうとちょっと（笑）。ただ、弁護するわけじゃないけど、あの人たちは自由業でしょう。だから、個人の自由とか尊厳とかいうものに関する感性が、まだ残っているんだと思うんだよ。逆に言うと組織労働者なんか、それこそ日曜日に何やってるかも企業に把握されちゃってさ、プライバシーも何もないわけじゃない。そういうところで普通に生かされてしまって、感性そのものが鈍らされていると思う。

佐藤　杉並区の例が出たけど、自治体レベルの抵抗の可能性を、もう少し考える必要があるね。

若尾　杉並以外の自治体では、公然と住基ネット反対を打ち出した自治体はなかったですね。それが今の自治体首長の水準を表していると思う。自治省（総務省）の言いなりになってしまって、そもそれに何かものを言っていこうなんていう気概はありませんよね。

柏木 山田区長の場合、結構ほかの自治体であとに続く部分が出てくるだろうと、楽観的に考えていたみたい。まだ、区長になって二年目というのもあって、答弁でふっと反対を言ってしまって、引っ込みがつかなくなったということもあるんじゃないかという気がするんですよ。

原田 自治体の現場から見れば、このシステムはいろんな矛盾もあるし、かえって使いにくいんじゃないかという声はあるんですよ。二十三区なんかの会合でも懸念は出ている。だから山田さんも、ああいうふうに言えばそうだそうだ、って続くと思ったかもしれない。

柏木 軽く考えていたのね（笑）。

桜井 なんで他の区は続かなかったのかな。

原田 心の中では思ってたけど、言えないんだよ。

若尾 自治省にたてついて、ほかのことで意地悪をされるのは嫌だという、そういう気分でしょう。

原田 特別区なんか、例の清掃事業の区への移管を自治省に認めてもらわなければいけないから、あんまりケンカしたくないという、そういう時期とも重なっていたんだよね。

世田谷なんかでこの間交渉して感じたんだけど、曲がりなりにも七六年の頃には、国民総背番号制に関する議論を受けて、区として外部とコンピュータ回線をつなぐことはしません、という条例を作ってるんですよ。ほかの区もそうだったはず。やっぱり、こういうことをしてはいけない、という歯止めみたいなものが行政の側にもあった。僕らはそれに対して、一度そういうシステムを作

【コラム】制度導入にいくらかかるか？

住基ネットの経費について、当初自治省は「初期経費四〇〇億円、通常経費二〇〇億円」としていたが、最近の試算では、「構築費に約三二〇億円、毎年の運営費に約一八〇億円」と、やや下方修正したようである。しかし初年度投資額は約五〇〇億円との見方もあり、いったい全体いくらかかるのか本当のところは誰もわからない。

その自治省の資料（二〇〇〇年九月）によれば、導入経費（九九〜〇三年度）は三九九億円→一六三億円と大幅に削減されたが、新たに（というべきか）導入関連経費一五七億円が措置されている。経常経費は二一八億円→一七九億円とそれほど削減されていない。導入経費の大幅な縮減は、システムテスト費とデータ移行作業費の作業内容の全般的な見直しによるものという。また通信回線初期費用についても、物理的専用回線を使わず、IP‐VPN回線（仮想専用回線＝一般回線を論理的に隔離した「専用回線」）を採用することで、経費の削減を優先する（税金の無駄遣いとの批判をかわすため）。これでは個人情報保護やセキュリティ対策がおろそかになるのは当然だ。

経常経費については、ハードウェアリース料と保守料を大幅に削減した。これは都道府県・市区町村の共通・基本的なソフトを全国センター（指定情報処理機関＝地方自治情報センター）で一括購入し、配布することにしたためである。

住民票コード通知費は当初経費として計上されていなかったが、世帯ごとに通知すると仮定して導入関連経費四五億円が措置されている。住民基本台帳カード（ICカード）については、金額は不明である（当初は約三億四〇〇〇万円計上されていた）。カードは一枚一〇〇〇円程度で希望者に交付されることになっているが、もし無料で住民に配布するとなると、市区町村の負担は膨大なものとなる。

住基ネットの経費は全て国が負担するわけではない。このシステムは、都道府県がその事務を指定情報処理機関（全国センター）に委任する形をとっているので、経費も全国センター、都道府県、市区町村がそれぞれ分担することになる。

全国センター（結局、国である）は全国ネットワーク関連、都道府県は都道府県ネットワーク関連、市区町村は既存住基システムの改修、住基カードの整備・管理等の費用を負担する。それぞれの経費の内訳をみると、市区町村の負担がいかに重いかがわかる。導入経費の実に八割近くを市区町村が支出する。システム稼働後にようやく主体である都道府県の負担割合が四割を超えるが。いずれにしろ、住基の窓口である市区町村にとって、莫大なコストがかかることになる（いくら国から財政的措置がされようとも）。

このように何百億という税金を投入する理由として、毎年行政側約二四〇億円、住民側約二七〇億円のベネフィットをあげている。手続きの簡素化、広域交付の実施等で一三七億円節約できると試算する。しかし、住民票の交付件数の多くは第三者請求である等を考えれば、このような試算は意味をなさない。コストの過小評価とベネフィットの過大評価、それは自治省（総務省）がこの法律を通すために考えた作文である。練馬区役所の江原昇がいみじくも指摘していたように、電子政府・自治体を見すえた「基本的なインフラの整備」こそが目的であったのであろう。

この巨額な「公共事業」によってもうかるのはいったい誰だ。笑うのは誰だ。

（真島富二）

ってしまうと、いずれつながってしまうと反対していたんだけれども、区の側はこの条例が歯止めになるから外部に漏れることはない、と言っていたんです。それが今じゃ、法律でそう決まったんだから、つなげて何が問題なんですかっていう態度。良かれ悪しかれ、革新自治体なんかがあった時代とは、ものすごい落差がある。

宮崎　杉並だけじゃなく、いくつかの自治体が住基ネットからの離脱を表明すると、政府の側もすんなりと進行させることはできなくなりますね。乗らないところがあると、ネットワーク自体にとっても大打撃でしょう。

原田　狛江市長なんかも気持ちは同じだと言ってみたり、三鷹市長も自分たちの要望に自治省がこたえないのなら考えがあるぞと答弁したり。そういう動きはあるんだよね。

柏木　そういうのにたいして、相当圧力が加えられるという状況でも必ずしもない。

桜井　ただ、国会がそうだったように、地方議会なんかでも政治党派の事情みたいなかけひきがあって、そういうのに左右されて、動いてしまう構造があるわけでしょう。自治体の当事者は問題のあるシステムだ、って思っていても、すっぱりと拒否してストップさせるという風にならない政治が働いている。

佐藤　だから、こんなにずさんなシステムであっても、各自治体を押さえつけられるぞ、という自信を総務省が持ってしまっているんだよね。僕らはそこで、そういう状況に風穴を空けるということで、都交渉に取り組んだわけだ。

宮崎　結局住基ネットの法律上の主体ってのは都道府県になるわけですよね。それが、地方自治情報センターというナショナルセンターに事務委任するという形をとるわけだけれど、そこで、地方自治体の主体性が問われると思うんですね。実際の事務は中央がやるにしても、最終的な責任は都道府県にあるんだよ、だからちゃんと市区町村に対して説明もすべきだし、私たちの意見も聞くべきだということで、申し入れをやっていった。まあ、都からの回答はまったく内容のない、その意味ではこちらが予想していたような無責任な、自分たちに関係ありませんというものでしかなかったわけだけど。

ただ成果も含めて、どういう回答を得て、自分たちはどう考えて都交渉に取り組んだかということを、きちんと伝えていくことが下手だったかな、という気はしています。他の県のグループに一緒にやろうよと呼びかけてもよかった。

柏木　「政策ネット・虹と緑」という、静岡や新潟の市民派議員の連絡組織が、私たちの質問書を参考にしたような文書を作って出しているんですよね。都議会議員の福士敬子さん経由で渡ってきたようです。

佐藤　都交渉自体は三回やったんだよね。そのときに交わした文書についてはこの本の資料に載せる予定だけど、文書以外の会話の中に注目すべきものも少なくなかった。

宮崎　ともかく、あまりにも中身がないじゃないか、誠意が感じられない、っていうことで、最後は抗議の意味をこめて「意見書」を提出。その後も監視をつづけることにしています。巻末の資料には文書だけじゃなく、簡単な解説もつけておきましょう。

◆八月五日、私たちはどうする？

佐藤　さっき話に出たことでもあるけれど、このわかりにくい住基ネットの問題点を、いかにわかりやすく伝えるかということは、あいかわらずの課題だよね。スローガンの問題でもあるけれど。

宮崎　住基ネットって言っても、みんな「銃器」の方をイメージしてしまうんだよ。

井上　市民講座の会場を渋谷区の施設に電話で予約したとき、団体名の「やぶれっ！住基ネット」が相手に伝わらなくて。「住」はわかってもらったんだけど、「基」がなかなか伝わらない。最後に「小倉基（渋谷）区長の『基』です」（笑）と言ったら、やっとわかってもらえました。

原田　「国民総背番号制」っていう伝統的な「ブランド」もあるからね。それで最低限伝わる部分があるけれど、それで言いつくせない部分もあるし。

井上　大体、個人情報に共通番号をふってネットワークで利用すること自体、住基法の改正として決めるべきことではなかった。住基法の目的は「誰がどこに住んでいるのか」を公証することなんですから。それで今度は、住基ネットの利用拡大を、住基法の再改正としてではなく、行政手続オンライン化整備法案と電子署名認証業務法案のなかでやろうとしているのだから、ますます分かりにくい。住基ネットの中味や性格がどんどん変ってしまう。そのへんをどう説明していくのか。

桜井　中味を説明していかなきゃというんで、いろいろリーフレットを作ったりしているんだけど、それと同時に、問題点をひとことで言えるスローガン的なものの必要性を、やっぱり感じる。

原田　今回、本を作るというんで原稿を書いていて感じたんだけど、僕らが一生懸命、住基の説明をしようとしてきたわけだけど、次から次へと中味が変わってきてるし、しかも公になってない話もあるみたいな中で、なんで僕らがフォローしなければいけないのかなという気がしてきた（笑）。本来は総務省なり自治体なりが、きちんと説明しなけりゃいけないことでしょう。ちゃんと説明しろ、わかってないことはやるな、と。そういうことをどんどん言っていくことが大事だったんじゃないかな。だから、この本を読んだ人が、地元の自治体に行って、この本にこう書いてあるんだけどどうなんだ、って窓口で聞いてみるとか。心配でしょうがないんだって、言ってさ。

桜井　でも、九九年の段階では、運動の中ではやっぱり私たちが説明しなければいけなかったわけでしょう。

原田　たとえば、世田谷で会議なんかしていると、なんで住民票がいるんですか、って話も出るわけよ。住民基本台帳って何だ、って。そういうことも含めて、みんなで聞きに行こうって呼びかけるのはどう？

佐藤　この本に質問はがきを付けようか。

宮崎　宛先は総務省にしてね。社会評論社に膨大な質問が送られてきちゃったら何にもならないから（笑）。

原田　実際、総務省も番号を付けるという方針だけははっきりしているけど、具体的には何の方針もないから、各自治体からこれについてはどうする、こうするって問い合わせが殺到して困ると思うよ。

井上　国会での答弁でも、大枠は国レベルで決めるけど、細かいところは各自治体で決めることですって言って、逃げちゃうんですよ。個人情報を番号で一元管理して、コンピュータで吸い上げることができるようになればいいだけで、そもそも住基事務がどういうものかなんて国も都道府県も知らないんですよ。

桜井 本当のところ、住基ネットシステムの全体像を向こう側の誰が把握できているのかしら。

原田 システムを開発したメーカーのシステムエンジニア（SE）の、それもキャップレベルがわかっているだけじゃないのかな。それで、システム上こうなっているから、こういうふうにしかできませんよ、ってSEに言われると、それに合わせて担当者がシステムを説明する、と。だから、システム自体のデメリットも含めてわかってるのは、そういう人だけじゃないかな。

井上 法律の施行の仕方もそうだし、住基ネットの開発の仕方もそうだけど、なんだかパソコンみたいですよね。全体の詳しいマニュアル（説明資料）がなくて、自分で調べろという感じ。結局自己責任みたいな。コンピュータ主導でつくられているから、そうなってるのかもしれない。

佐藤 それで八月五日以降に、各人に番号が通知されるわけだよね。この機会に合わせて、運動の側もいろいろ訴えていかなければならない。

柏木 番号を拒否するっていう選択肢はないわけよね。勝手にふられちゃうから。

井上 もう、内部ではすでに番号はふられているんですよ。八月五日以降それが通知されるだけ。

宮崎 通知のはがきの受け取りを拒否すれば番号がふられないというわけでもないし。ただ、来年には希望者には住基カードが配布されることになるから、それはまた気が抜けないと思うんですよ。今、みんな何枚もカード持ってるじゃないですか。そのカードにどういう情報を入れるかはそれぞれの自治体が独自に決めるということになってるんだけれど、それにたいする働きかけも必要になる。何も入れるな、カード作るなって。

原田　自治体で作るといっても、雛形は総務省で作るだろうから、基本線はあるだろう。それがどう準備されているのか、暴露して伝えていかなきゃいけない。既存のカードとどう連携させていくかという問題もありますしね。

井上　カードそのものに何が記載されているかわからないというのが恐ろしいですよね。持ってる本人は何かわからなくて、外から自由に読む人間がいるという、「犬の鑑札」ですよ。

柏木　あと、その自治体を転出したら、カードを返納しなければいけないんですよね。そのへんがネックになりそう。

佐藤　自治体はたまったものじゃないはずだよ。いつ返ってくるのかわからない返納を待って、消しこみ作業をしなければならないし、本人にほっておかれたら消しこみ作業そのものが宙吊りになってしまう。期限を切って、作業を止めても、その後に返納があったり、拾い主から届けられたり、もう大混乱だよ。それに、返ってきたカードはどうするのか。フォーマットしなおして再利用するのか、その場合、旧データが漏洩する恐れはないのか、捨てるのか、その場合、環境を傷つけることにはならないのか。

原田　だからカードは返納せずに使いまわそうという声になるのは目に見えている。介護保険の受給なんか考えてみても、そういう情報は引きつぐのが当人にとっても便利だから、転出先の自治体に送ってやった方がいいという話になって、やがては広域利用カードに拡大しかねない。

[コラム] 韓国の「住民登録証を引き裂け!」

一九九九年一月「電子カードの実施を中止するための法案」が韓国の国会で成立した。九七年に成立した法律を撤回させた意義はとてつもなく大きい。

韓国の住民登録制度は、朴正熙軍事政権時代に確立された。導入目的は「治安上必要、特別な場合に住民登録証を提示するようにすることをもって、間諜や不純分子を容易に識別、索出し、反共体制を強化するため」という露骨なものだった。

六八年に住民登録番号(七五年改「正」で一三桁)が導入された。翌年には一〇指の指紋押捺が行われ、現在でも続けられている。日本においては七〇年代から在日朝鮮人による指紋押捺拒否闘争が果敢に闘われたが、韓国「国民」全員に対して指紋押捺が三〇年に及ぶ長期間継続されている事実はあまり知られていない。住民登録法によって登録された指紋は警察庁で管理されている。

住民登録証も六六年に導入され、八〇年第五次改「正」の際に一七歳以上の全「国民」に住民登録証の常時携帯義務を課した(現在は携帯義務はない)。現在では、日常生活で所持していないと様々なデメリットを被るようになっている。インターネットでも住民登録番号を入力しないと行けないサイトも多いらしい。

そして冒頭の住民登録証のICカード化が九五年に浮上したが、韓国の市民運動はそれを撤回させた。ところが、その後紙製の住民登録証をプラスチックカードに切り替える際に、再度一七歳以上の全「国民」に対して右手親指の指紋を電子的に登録させるという法案を通過させてしまった。この電子指紋化に対しては約一六〇〇名が拒否宣言を発するという形で反撃した。

韓国の市民グループは、「住民登録証を引き裂け」というビデオに歴史的変遷と自らの闘いを収録した。日本においてもこのビデオを各地で上映する運動を開始している。それは日本の八月五日を許さない闘いの一環として展開されている。

ビデオを作成したイ・マリオ監督自らが情報公開請求して得られた「個人別住民登録票」を見るとその性格が如実にわかる。約一四〇もの登録項目があるが、そのうち兵役関係のデータがかなり多い。韓国では二年六か月の兵役義務が課されるが、その後も軍事教練や講義などを定期的に受けねばならない。住民登録票には「兵役」の他に「郷土予備軍」「兵力動員」「人力動員」「民防衛」という項目でそれぞれ動員に関する詳細なデータが記録されている。「民防衛」とは大規模な軍事教練のことであるようだが、その所属部隊、教育時間、参加時間、不参時間などがその都度記録されていくようになっている。

いかに「国民」を戦時体制に動員させていくか、という課題が日本でも有事法制三法案の登場で顕在化してきたが、韓国の住民登録はまさに治安管理・戦時動員体制の確立と直結しているという点で日本の近未来をそこに見てしまうのは私だけだろうか。

現在韓国の運動の中心となっている「住民登録法改正のための行動連帯」のメンバーは、若い人たちが多く、軽やかに運動を展開している。役所前で一人で看板を体につけてアピールする「一人デモ」に象徴されるように、少数の地道な闘いをネットワークしようとしていることは私たちの今後の闘いにとっても参考になるだろう。

（宮崎俊郎）

宮崎　結局、行き着く先は韓国の住民登録カードみたいなものじゃないですか。持ってないと、ビデオ屋の会員にもなれない。カードを持たないと、とても不便な生活を強いられる。

原田　カードそのものは、発行して希望者に渡さなければいけないということを法律で決めただけだから、みんな持たないようにしようとよびかける運動はできる。で、世田谷で要望書として出しているのは、カードそのものにも、住基法で決まっている内容だけを入れろ、その他の個人情報は一切入れるな、区民サービスとしてＩＣカードが必要だというのなら、それは住基カードとまったく無関係にやるべきだ、というものですよね。それは法に触れるわけでもないし、自治体の判断として最低限できることなんだから。

若尾　カードを使わない、使わせない、ということは大事なことだし、これからでもやれることだよね。導入はまだ一年先だし、一年後に本当に導入できるかも怪しい。

井上　でも、番号は勝手につけられ、拒否できないんですよね。で、もう実際には八月五日に向けて、すでに番号がふられているって言いましたが、これは仮番号ですね。そしてこれが転出などで異動した人を除いて、八月五日にはそのまま正式な住民票コードになる。

真島　だからいまのところは不安定状態にある。八月五日以降はもう転出したって番号は変わらないわけだから。この座談会が本になるのはもう実施直前だからあんまり効果はないかもしれないけど、この間に転出者が増えれば相当混乱するはずなんですよ。

井上　同じ市町村のなかで引っ越す「転居」では番号は変りませんから、市町村を越えて「転出転入」しないと意味がない。

桜井　みんなでやろう、転出のおすすめ、ですかね。でも、引っ越しってたいへんそう（笑）。

柏木　いいのよ。その間、一時的にみんなで住みかを交換するの。形だけじゃあ違法だけど、実際に意思を持って住みかを交換するんだから、問題はないでしょ。

真島　だけどもうそれも間に合わない。かなりの数の転出転入者が出なければ抵抗にはならないし、いまから呼びかけてもどうにもならない。ぼくらはいま八月五日の住基ネットの実施を許さない、ということで運動をやっているから、実施されてしまったあとの抵抗を考えるのも変なんだけど、実施直後に番号変更運動を起こすのも手ですよね。

原田　番号変更に条件はないわけだから、変更運動は可能ですよね。でもこれだって、相当人数が集まらなければ効果は薄い。

佐藤　象徴的行為としては、番号通知表やカードそのものを焼き捨てるという行為もあるけれども、向こう側がシステムを稼動させた場合のほころびというか「敵失」が必ずあるわけじゃない。そういうときに運動がちゃんとあれば、今後ものを言っていけるわけですね。住基ネットが「第二のみずほ」になる可能性だってある。もっともそれは、役所内部が大混乱するということで、僕らの目に見えるものとして出てくるかどうかは分からないんだけれども。

井上　システムのエラーは絶対ありますよ。でも、みずほとちがって目に見えない。預金が引き出せない、っていう実害は何もないわけですからね。

真島　だから変更届をしてみる。

柏木　でも、届を預かるだけで、理由も言わずに何か月も待たされるかもしれない。

若尾　実は大混乱が起きていて番号の変更どころじゃないのに、混乱の事実を隠すわけですね。いかにもやりそう（笑）。

宮崎　むこうが混乱を隠せるかどうかはともかく、私たちとしてはシステムが導入されてしまったら、それがもっと危険なものに育つ前にあらゆる抵抗をしていかなければならないでしょう。アイディアを結集してね。

佐藤　番号通知の焼き捨て運動がその第一弾ですかね。ともかく、ぼくらのアイディアを駆使して住基ネットを追いつめていきましょう。

（二〇〇二年五月二九日、渋谷にて）

第3部　シンポジウム・監視体制の日常化を超えて

ここでは、二〇〇〇年一一月一八日、「やぶれっ！『住基ネット』市民講座」の第六回（最終回）として、東京の渋谷区立勤労福祉会館で行われた講座、「監視体制の日常化を超えて——盗聴法・住基法は治安立法か？」を採録します。講師は小倉利丸（富山大学教員）、斎藤貴男（ジャーナリスト）、佐藤文明（戸籍研究者）の三人。それぞれの講演を受けた後、佐藤の司会でパネルディスカッションとなりました。

この日の講演学習会は「やぶれっ！住民基本台帳ネットワーク市民行動」から、パンフレット「講演集 Vol.2」として二〇〇一年九月二二日に発行されました。今回、一部手直ししたところはありますが、時制などは講演時のものです。したがって省庁名などは二〇〇一年の省庁再編以前のままになっています。注は、本書のために追加したものです。

（佐藤文明）

盗聴法に反対するなかから見えてきた住基法の問題

小倉利丸

この間住基法も含めていくつか政府が行ってきた、住民を管理する、あるいは監視する立法のいくつかの――盗聴法、住基法がおおきなものになると思いますけれども、それ以外にも例えば、IT基本法(＊1)、情報流通適正化法(＊2)、スパムメール取締法やハイテク犯罪や「テロ」取締の強化などというような形ででてきているような――、いわゆる情報通信を利用した新しい政府による監視の動向というものを見てみると、基本的にどの場合でも、コンピュータを駆使した形での管理監視のシステムということになっているという点、これが一つの共通した性格を持っていると思います。その点についてはもう少し後でお話をしたいと思います。

それともうひとつは、盗聴法の反対運動をやってきてつくづく思ったのは、立法の過程で言われてきたいろいろな議論、例えば盗聴法の場合であれば、インターネットの電子メールを盗聴するというときに電子メールの盗聴はどうやるのかという議員の質問に対して、フロッピーに盗聴の記録を残すと答弁があったとしても、実際には、答弁とは違う方法で実施されても、法律に明記されていない限り違法にはならないわけで、国会の議論はほとんど実際の立法にあたっての歯止めになっていない。これは国会の審議の戦術上難しい問題でもあります。法律に絶対反対という立場は崩せない、他方で、現実には与党がその気になれば修正もされず最悪の法案が通過してしまう。与党の最悪の法案を通したくなければ、修正案で対抗することになるけれども、それでは事実上盗聴捜査を認めてしまうことになる。与党は、こうしたジレンマを巧みに利用して最低最悪の法律を出してきて、譲歩を迫り、修正に応じたポーズをとりながら、結果的に彼らのもくろみ通りの法律を通してしまう。私たちは、このジレンマをどのようにして克服すべきか真剣に考える必要があると思います。

◆本人確認という動機がプライバシーに優ってしまう

盗聴の捜査の場合、立法の過程で議論されていたことと実際の運用とは全く別であって、法律に書いてないことで一応口約束で国会で言ったりしたことはほとんど反故になっているんですね。法律に明記されていなければ何をやってもいいという形になっているんですね。だから、立法の過程で、国会での議論や政府の答弁は、ほとんど意味をなさなくなっていると思います。

住基法の場合も、住基法の法律に定められ、明確に明言されていること以外は、政府が国会の答弁で言っていたことに関しては、たぶんそのまま鵜呑みにはできないんだろう。実際に住基法が運用されていくときに、法の網を目をくぐってどういう運用のされかたをするのかというところが、かなり重要になってくるんじゃないかと思います。

住基法がめざしているものは、本人をどう確認するか、という本人認証システムの再構築なんだろうと思うわけです。そんなの当たり前じゃないかと思うかもしれないんですが、実は本人を確認するというのは、結構ややこしい問題なんです。例えば僕がいまここでこう喋っていて、司会の人も小倉だと紹介して、僕も小倉だと名乗っていますが、私が小倉だということを皆さんははどうやって信じているのかわかりませんけれども、一応宮崎俊郎さんという司会者の人がそう言うから小倉だろうと、皆さんそのつもりでいるわけですね。人間はそれでいいんです。人間と人間の間で、この人間はだれかということを言うときに、そういうきわめて曖昧な顔見知りだとか、自分の知っている人があいつは小倉だと言ったから、小倉だというようなことですむんです。今でも人を確認する場合に人間による人間の確認ということはよく行われていますね。狭い顔見知りの人間関係の社会の中でそういうことが行われてきた。僕も近くの郵便局へ行ってお金をおろすときに自分の通帳だけではなくて、場合によっては家族に頼まれて家族の通帳からお金をおろすということや、お金の出し入れをするということや、あるいは家族が逆にやってくれたりする場合がありますが、こういう場合近所の郵便局の人は顔見知りなわけです。ですから、私と名前の違う通帳を持っていってお金をおろそうが、お金を入れようが一切何も言わない。それは、曖昧だけれども人間同士であれば確実な認証が行われていて通っちゃうんですね。コンピュータはそういうわけにいかないですね。つまりコンピュータは確実にこの人がこの人だ、例えば僕が小倉だということをコンピュータに理解させるというのはすごく難しい話なわけです。確実に本人が本人であるということをコンピユータに確実に確認させようとすればするほど、本人に関する様々な情報を付き合わせて、確認しようとするので、そのためにはできるだけ多くの個人情報を収集した方が好ましいという考え方に傾きがちです。これはプライバシーの観点と対立しますが、本人を確認しようという動機がプライバシーの動機に優るために、プライバシーはなおざりにされます。本人認証に誤りがあれば、システムの信用に関わり、システムが正しく作用していないと批判されますが、本人認証システムがプライバシーを侵害していたとしても、それは決定的な過ちとはみなされません。この権利認識の近さが問題なのです。

◆「便利だから」と指紋による認証

コンピュータは四半世紀くらい前に、工場に導入され、工場の労働者を追い出して、いわゆるファクトリーオートメーションとよばれる時代があって、それからオフィスオートメーションへと拡大されてきました。オフィスに入ってきたあたりから、だんだん人と人とのコミュニケーションを管理するために必要な、あの人は誰、この人は誰、私はどういう人ということをコンピュータが確認できる仕組みが普及し始めます。しかしコンピュータによる人の認証は決して容易ではない。コンピュータが持っている確認や認証の困難さというのものが、逆にいかにしたら確認できるかということで、次々に個人を確認するシステムというものを肥大化させていっているんではないかと思います。

二週間ぐらい前関西に行って、関西大学で話しをしたときにびっくりしたんですけれど、関西大学では、コンピュータの端末に学生さんがアクセスするときに、本当に自分の大学の学生であるかどうかということを確認するシステムとして、指紋による認証のシステムというのを既に導入しているということなんですね。指紋による認証と言ったって、指紋を押しているのが本当に本人なのかどうか、というのをどうやってわかるのか聞いたら、大学の事務室に行って事務の職員に学生証を見せて、確かに本人だと確認して、事務の人がいる前でデータベースになる指紋を押す。それがデータベース化されて、関西大学の一つだけのキャンパスみたいですけれども、コンピュータが機能している場合は、指紋を押せばどの学生かということが確認できるわけです。ひと昔前までは指紋押捺なんてことは、それ自体が人権侵害である、そんなこと言うまでもない常識だったわけです。むしろ今はそうやって、指紋を押して本人だと認証することは便利だということなんですね。なぜ便利かというと、僕の大学も導入されてしまっていますが、学生証、職員証というカードがあります。磁気カードになっています。磁気カードをカードリーダーに読みとらせることで、例えば本が借りられるとか、パソコンの端末室に入れるとか、そういう形になっている。ところがそうなっていると、カードをなくす人がいる、他人に貸す人がいる。紛失するとすごくめんどくさいわけです。再発行の手続きをとらなければならないわけです。再発行の手続きをとるのに必要な手間と人件費とコストを考えたら、指紋をなくすことはまずありませんので、カードの代わりに指紋の認証は、経費節減で便利なんですね。経費のために人権が無視されたわけですが、こうした事例はさらに普及する危惧があります。

今度の住基法の場合も、さしあたりカードですけれども、カードというのはたぶん多くの人たちがなくすだろうと思います。クレジットカードは、なかなかなくさない人が多いですが、クレジットカードはなくすと後で経済的にいろいろやばいことが起きるといやだということで、比較的クレジットカードとか銀行のキャッシュカードは管理をきちんとする人が多いかもしれませんが、こういう住民基本台帳カードみたいなのは、そんなにこだわりがなかったりとか、日常的には使わないとか、さしあたりなくしたからどうのということがないとすれば、結構管理があまくなるかもしれない。なくした場合の手間がめんどくさいってことになれば、絶対なくさない形で本人の認証ができればそれでいいじゃないか、ということになるんだと思うんですね。

指紋というのは、韓国で既に義務づけられているわけで、指紋によるデータベースを作って確認をするっていうことは、ある意味では国規模でやること自体はできないことはない。既に企業や大学レベルで行われているような、便利だという形で入っていっている管理は、たぶん住基法を導入していくときの市民側の警戒心を解く非常に重要な一つのバックグラウンドになると思います。

◆グローバルに広がる監視社会

もうひとつは、住基法も盗聴法も日本に独特のものというよりは、いわゆる先進国も含めて、世界中どこの国でもだいたい同じような形で住民が市民を監視する、あるいはコミュニケーションをモニターするというように、グローバルに同時多発的に実施されてきているわけですね。日本だけの問題ということよりも、むしろ多くの国でなぜ同じようなことが行われているのか、ということを一つ考えておいたほうがいいかもしれないと思います。しかも多くの国といっても、例えばアメリカのように、いわゆるアメリカ流自由というものを自分の国の基本的な理念として大切にする国もあれば、フランスのようにフランス革命の自由、平等、友愛の理念でいわば一つの人権の近代的な観念みたいなものを国家が基本的な柱にしている国であっても、あるいは北欧のように非常に高度な福祉や社会保障が発達しているような国であっても、こうした理念とは別に、おしなべてどこの国でもなんらかの形でかなりハードな監視のシステムと、それから例えば盗聴法のような捜査システムというのが合法化されてしまっているわけです。

そういうことを考えてみると、いわゆる民主的で自由な国と言われている国が、監視のシステムを作っていっているとすれば、それ自体何でなんだろうかということを考えておく必要があると思うんですね。多くのさまざまな国、先進国の国家の体制、いろいろあるにしてもどこの国も基本的に、それぞれの国が持っている価値観の中で、いわゆるプラスの価値観の一つに「自由」があります。自由を否定する国というのはまずないわけで、どの国もさしあたりそれぞれ自国の国民が、人間にとっての基本的な権利に関わるものとしての自由というものを最大限保障する。そういうことを一応建て前として尊重する政治の体制や社会のシステムが、監視という形のシステムを作ってきているという点をおさえておくことが非常に重要です。これは旧ソ連であるとか旧東側の社会とは違う形の問題だと思います。つまり自由でいいんだ、みんな自由にしていい、だけども勝手に自由にしてホントにいいのかというとそうでない。住民を自由にさせておくというふうに言いながら、自由にしている住民を本当に自由にしてしまっているわけではなくて、やはり自由にしている住民をどこかで見て、そして自由をある意味でコントロールしなければならないというのが、「自由社会」の持っている住民に対する、あるいは市民に対する基本的な考えかたですね。これが技術の中に反映しているんではないかと思います。

ですから便利であるとか、住民や市民が自由だというふうに感じるということは、現代の「自由」な社会では、権力の正統性を支える非常に重要なことで、主観的に自由だと感じたり、主観的に便利だというふうに感じている市民が不可欠なのだけれども、しかしやはりそれをどこかで見ている、監視しているということが、この自由のシステムには必要だということです。見ている＝監視しているシステムは、実際に見ているだけではなくて、自由を規制したり抑圧する別な手段と密かに結びついている。それは警察のようなハードな形での監視である場合もあるでしょうし、あるいはそうではなくて道徳だとか価値観みたいな形で、一定の行動規範を人々に与える事が重要な行動のコントロールの方法です。言い換えれば、個人個人の内面に食い入って、自主規制、自己検閲を促す価値観の仕組みもある。さらに、市場経済の仕組みを利用する、技術的なコントロールをするなど、そのやりかたはさまざまだと思いますけれども、自由な社会と建て前で言っている社会というのは、人々の首根っこを捕まえて、あっちいけこっちいけとか、縛りつけるってことはできないわけですね。人々をさしあたり自由にしてそれを見てるという仕組みを作ることが、監視社会の非常に大きな部分になってると思います。ですから、実は僕らが自由であるというふうに言われている社会の中で、監視の社会というのが逆に非常に巧妙な形でつくられているんではないかと思います。

◆「自由」とか「便利」さの見直しを

もう一つはいわゆる民主主義と監視社会の関わりです。民主主義自体は、最終的には多数決によって意思決定する社会ですから、多数決を可能にするように選挙民をコントロールしていく仕組みが必要です。一〇〇人が一〇〇人ともばらばらな意思を持ったのでは合意はできない。だから、多数を作り出す仕組みが必要なのです。多数の意思は最初から存在するのではなく、民主主義のシステムのなかで、多数派が生み出される。システムが要求する人為的な産物です。そしてこうした多数の意思を生み出すように人々をコントロールする仕方をずっと近代国家は学んできている。文字どおり自由な意思で自由に政治的に意思表示をして、そして選挙して、そして政権に選ばれるというようなことは、極めてナイーヴな発想です。むしろどうやって選挙民の意思や考え方をコントロールするか、コントロールするためには選挙民が一体何を考えているか、市民がいったい、どういうことを考えているのか、あるいはどういう行動を起こしているのかということを日常的に監視をし、さらには、だれを選挙民とし、だれから選挙権を奪うか――現在なら外国籍の人たち、未成年、獄中者などは有権者から排除されていますね――を決めていくことを必要としているという社会です。市民権を奪われた人たちが、同時にもっとも厳しい監視のもとに置かれているということを忘れてはなりません。これは、便利というよりもむしろ社会的な安全、他者からの脅威から自分たちの自由を守るなどの名目で正当化されがちです。それを監視という形で、日本語でよく使われる窮屈なものではなくて、むしろさっき言った便利で自由で、あるいは民主主義的な手続きの中にとけ込ませていく形で実現する。ですから、現状の民主主義というシステムそのものを再度検証しなおすことも監視社会を打破する上では必要なのです。僕ら自身が日常生活上自由だとか便利だとか考えていることをもう一回考え直してみて、便利であるということがはたしていいのかどうか、ということを含めて基本的に見直してみる必要があるだろうという風に思います。

最後に住基法のことに関していくつか問題提起ということではなくて、僕自身がわかってないことなので、どなたか答えていただきたい問題を含めて感想のような話をします。

今日配られた本人確認情報の提供の概念図というのを見て、住基法のネットワークというのは、閉じられたネットワークのように見えてますけれども、ホントに閉じられてるのかどうかというのはわからないんですね。線が書いてあるから線の外側というのがあるのかないのかわからない話になってますけれども、普通インターネットも含めてネットワークというのは、通信回線で接続されれば、お互いに相手との通信ができるシステムですね。そうすると例えば、こういうネットワークの中に警察のネットワークというものが、どういう形で接続できるのかできないのかというようなことは、非常に重要です。警察が持っている運転免許証、犯歴などのデータベースがあれば、住所と名前はわかるわけですから、個人情報はいろんな形で捕捉することができるということになりますね。盗聴捜査では、電話やインターネットを盗聴します。盗聴した場合に、盗聴した相手を必ず逆探知をして確認をするという作業をやります。逆探知をして確認をする作業は、どこから電話がかかってきたのかという相手の電話番号と、実際にかけてきた相手が誰かということを専門の鑑定を行って、必ずかけてきた相手を特定をすることになります。特定をした相手が一体どういう人間なのか、ということを確認をしていくことになるんですね。そうすると、法令上一定の認められた手続きを踏みさえすれば、住基法のネットワークのシステムにアクセスをして、基本的な本人に対する情報というものを得るというのは非常に便利なシステムだろうと思います。確認六情報というのは、すぐに手に入るという話になりますけれども、六情報というのは、別にコンピュータは六情報しか入れられないということではなくて、技術的には六でも一〇でも一〇〇でも入れられるわけですね。しかも一つのデータベースに六情報しかない、でも別のデータベースには他の一〇情報があるという風に、ネットワーク上に分散的に様々なデータベースがある、というのが現状でしょう。その分散されたデータベースをネットワークを通じて一つに統合して利用するというのは、できないわけではないわけです。そういう分散型のデータベースを使ってお互いのデータベースを相互に参照しながら、個人が一体どういう人間なのかを特定していくというのは非常にやりやすい。だから、警察のネットワークがどこでどうつながっていくのか、あるいはつながることに関して警察側がもつであろう便利さというのは、たぶんかなり大きいものになる可能性はあるだろうと思います。

そういうことから考えると、警察の住基ネットワークへの接続自体をやめさせられるような何らかの具体的なルールが必要です。これは明示的に禁止すべき(＊3)です。いずれにせよネットワークという形でどんどん増殖していき、個人情報が無限に漏れ出ていく、そして自分の好むと好まざるとにかかわらず、例えば行政だとか警察だとか企業に流出するという、今のネットワーク型の社会の持っている問題点というものを、何とか僕ら市民の側から押し戻していかなければいけない。それはたとえ不便になっても別に困らないんだ、ということを多くの人たちに理解してもらう努力をすることです。このへんに僕の宿題があるかなという風に思っています。

監視社会と住基ネット

斎藤貴男

斎藤です。小倉先生の方からも、最後の方で非常に大事な提起があったように思いました。個人の自由とは何かという大きなテーマを、これからは考えていかなければならない時代になっていくのだと思います。私の基本的な考え方は、今、建前として進められているものは企業とか権力とか大きなものにとっての自由であって、その分個人の自由はますます侵害されている、だから何のための自由、誰のための自由かが問われなければならないと思うのです。私が『プライバシー・クライシス』を書く過程で取材しました国民総背番号制・住基ネットの問題を中心にお話していきたいと思います。

最近、例の森首相(*4)もやたらIT、ITといっておりますが、住基ネットの問題というのはいわゆる彼らのいうところのIT革命の影の部分というふうに捉えることができると思います。ただよく言う光と影という場合は光五〇、影五〇のイメージですけども、この場合は光が蠟燭ほどの光があるとすれば、その回りが真っ暗闇であると、このようなイメージを、私は考えています。

光といわれている部分は、主に電子政府(*5)なんていう表現も最近出てきていますが、様々な行政的な手続きをネットでもってやることによって手間が省けるとか、行政改革につながるとか、あるいは個人情報を効率的に管理することによって民間企業のマーケティング支援に結びつけるとか、そういった効果、それからコンピュータあるいはICカードなどのツールを急速に普及させることによるエレクトロニクス市場の爆発的な拡大を狙うとか、こういう事態が悪いとはなかなか言いにくい〝メリット〟と考えられている部分です。

それらのメリットというのが概ね企業とか政府だとかに片寄っているのに対して、デメリットは一方的に個人の側に押し付けられているのではないかと思います。

住基ネットという場合はとりあえず、住民基本台帳法関連の個人の居住確認についての事務だけを行なうということで、去年改正住民基本台帳法が成立したのですが、法律上は確かにそういう条文になっているが、その回りの状況をちょっと調べてみると、簡単にそれだけで収まるわけはないねと。またかりに収まるとすれば、何のためにそんな大金をかけてやるのかと、ここまでやったら国民総背番号制にするのでなければ全く意味がないという結論がすぐに導かれてきます。

典型的な発言では、審議の前後でしたか、小沢一郎が改正住基法は治安維持目的で使うという発言をしておりましたが、これは本音なんてものでなく、彼らにとってごく常識を言葉にしただけなんだろうなと思いました。

◆なんでもかんでもＩＣカードに

次に住基ネットを中心にして、どのような形で国民総背番号あるいは個人の管理が進められているかを少し具体的に述べたいと思います。去年からこういう席に招かれるたびに言ってきた話がありまして、それは八九年に内閣内政審議室の中に「税務等行政分野における共通番号制度に関する連絡検討会議」というプロジェクトチームが作られていました。以来、一〇年あまりにわたって、政府の国民一人一人個人に関する番号体系を持つ省庁の局長クラスが集まって議論してきているわけですが、例えば警視庁の交通局長とか自治省の行政局長とか大蔵省の主税局長とか社会保険庁の次長とかですね。どっちにしても我々は何らかの形で番号で管理されているわけですが、それらの番号体系を統一するんだ、こういう目的でそういう会議が開かれてきた。

これはもうまさに国民総背番号制体制作りに他ならないのですけども、これらの議論の過程の中で生まれてきたさまざまなプロジェクトがあります。去年の段階ではあまり大っぴらになっていなかったので、自分だけが知っているような顔をしていろいろ説明をしてきたんですが、最近になってそれらが少しずつ新聞などでも大っぴらになってきました。

ここに配られている資料のおしまいの方で新聞記事がいくつかコピーされていますけれども、例えば一〇月四日付『日本経済新聞』にのりました、ＩＣカードを五〇〇万人に配布して通産省などが自治体と来年度実験を行なうという記事。これは住民票と保険証の番号を統一してそれらのデータを入力したＩＣカードを配るんだと、それでもって様々な手続きを簡素化しますよという話題。

もうひとつ介護保険証のＩＣカード化というのもありますね。これは似たような話で健康保険証のカード化の話とか、銀行のキャッシュカードのＩＣカード化だとか、クレジットカードのＩＣカード化。何でもかんでもＩＣカード化してしまおうという動きが最近急速に大っぴらになってきています。

ＩＣカードは普通のぼくらがキャッシュカードやクレジットカードで持っている磁気ストライプのカードに比べて何百倍もの記憶容量があると言われる。ちっちゃなコンピュータと考えてもらったらいいと思うのですが、そういうものです。ですから、つなげていこうとすればあらゆる分野でＩＣカードは使える。使えるようになったら今みたいにカードをバラバラに持たなくとも、極端な話、たった一枚だけのカードを持っていれば何でもできるようになる。便利といえば便利ですね。だけどその分ＩＣカードの中味が流出するなり、あるいはそれを管理するために、中を覗かれた場合は総てが分かってしまうということでもあります。

次の新聞のコピーは免許証をＩＣカードにするという話ですね。これなんかも住基ネットの国会審議のころからも一部の人ではみんな知っているような常識でした。私も取材しましたけども、別に特ダネでも何でもなくて一部ではかなり知られていた話題です。それが今になってこんなふうに大っぴらになってくるというマスコミの情けなさというか、あからさまにわかる話題ではあるわけですが、こういう話が流されてきているということは、カードで管理しようとする側にとってもういいだろう、これからは少しずつ小出しにして既成事実にしていこうという意志がはっきりしていると思うんですが、こういう形で次々に出ていますね。

その他にも鉄道の自動改札機、これは今プリペイドカードでやっているわけですが、全国の鉄道自動改札機で一枚のカードで使えるようにするというプロジェクトもずっとあって、もう時間の問題で、そろそろ一部の地域ごとでは始まっているんですね。ここ数年の内には一枚のカードがあれば、JR北海道でも西日本鉄道でも近畿日本鉄道でも西武鉄道でもあらゆる鉄道でそれ一枚でOK、これも一見便利ですけども、ICカードですからどこの駅を何時にそこの自動改札機を通過したかを総て記録させることでもあります。

まあそういったものがいっぱいあってですね、その他にもITS、つまりインテリジェント・トランスポート・システムという、これも運輸省とか警察庁とか政府全体で進めている新しい交通システム作りの中で、高速道路の料金所、今人がいて手でお金を払っているわけですが、あれを非接触型のICカードによって通過するような仕組み作りが進められています。これは車の方に車載機というのを積んでおいて、そこにICカードを挿入する、料金所を通過するとその車載機から無線の電波が飛んで料金所の方でチェックする、そうするとICカードには銀行口座などのデータが含まれていて、料金を後で銀行口座から課金するという仕組みがもう既に実験では進んでいます。これも数年のうちに実用化されて、いずれ車載機の設置が義務付けられることになるでしょう。

こういった、問題意識を持たないできていると、非常に便利であったり、あるいはいまので言えば渋滞が緩和されるとか、いいとこだけを前面に出した話題が、これからはたぶんどっと出てくると思います。だけどそれらは総て、その鍵になっているのがICカードである以上、必ず一体化されることになる。一体化されたら一元的に管理することがいつでも可能。現状の住基ネットの問題では法律上の縛りがありますから、明日から全部完全な国民総背番号にできますよということではありませんけれども、法律はいつでも変えられるわけですから、法律の条文をちょっと変えるだけでそれは簡単に稼動することになる現実が、すでに用意されているんだということを是非わかって頂きたいと思います。

◆消費者として効率的に管理される

例えば最近はあまり言われなくなりましたが、大蔵省が進めようとしている納税者番号制度と連携した場合、今度は抵抗することもできなくなる。というのは納税者番号制度というのは買い物をしたりするたびに、納税者番号が盛り込まれたICカードを提示して、それを受け取ったお店の側が読みとり機でカードの情報を読み取らせておくと。そうすることによってお金の流れを逐一記録することによって脱税を防ぐという建前ですから、これを拒否してしまったら、じゃあ、お前は脱税しているのかという話になってしまうわけです。

住基ネットを中心とした国民総背番号制度に納税者番号制度(＊6)が連動した時、これが究極の国民総背番号制度ですね。逆らう奴は犯罪者ということにこの時点で完全になってしまう。これもこのままでは時間の問題、これを管理監督するのが納税者番号、税金の方では大蔵省、今後の財務省ですが、来年の省庁再編で新しく誕生する総務省、これは現在の自治省と総務庁と郵政省が合体してできる役所ですけども、ここがおそらくは実質的な旧内務省に、日本国民を一人一人管理監視するための内務省になるだろうと考えられます。事実今まだ最終決定していませんが、総務省で自治省や総務庁で考えている英文の役所名は THE MINISTRY OF HOME AFFAIR、こういうものが考えられています。ホーム・アフェア、まさに内務省ですね。そういうことになりそうですね。

これらはわりと国民総背番号が最初に言われていた七〇年代からのイメージがよりハイテク化されたような話なんですけども、これも小倉さんも言われ、私も最初に申し上げた自由という概念ともちょっと関ってきているのが、今の国民総背番号制の特徴なんではないかと思うんですね。それはただ国家権力が個人を管理監督するというだけではなくて、我々を金づるというか、消費者としてより効率的に利用する。

その場合最初に申し上げた民間企業のマーケティング支援とはそういうことですね。こうやっていろんなことを便利にして一元管理することによって、企業のマーケティング活動を容易にする、一番簡単な話ではそうやって集めた個人情報を民間にある程度開放することによって、ダイレクトマーケティングを可能にする。たまたま今日の『朝日新聞』にＫＤＤのニュースがでていました。ＫＤＤを通して中国に電話をかけた人の家にいろいろ中国関連の商品サービスのダイレクトメールが届いたとか、電話がかかってきたとか。それに対して気持ち悪いという反論が出てきたわけですけども、それも私に言わせればいまさらこんなことで驚いているのかという気がするんですね。

国民総背番号制というのはこういう話を正当化するためにも進められている。企業のビジネス目的、国家権力の管理監視プラスこの目的が半分あるわけですから、たとえばさっきの鉄道のＩＣカード化、全国の自動改札機の共通化などによって我々のどういう電車を使って何時にどこへ行ったのかが全部わかればですね、多くの人はどこかの会社へ通勤しているとすれば、そういう通勤のデータ、途中でどういう寄り道をしているのか総てがわかる、そしたらこの人に対して何が売れるかもまた容易にわかるわけですね。

例えば中央線を使って通勤している、また寄り道も中央線が多いというような人がいた場合、この人には中央線沿線の新しく開発した住宅地の営業をかけることもできる。その他にも使い道は無尽蔵ですね、中央線を延長した先、八ケ岳辺りの別荘地を売り込むことができるというようなことが可能です。特によく外国に遊びに行く人には、例えばルフトハンザを使ってドイツにたびたび行くような方にはヨーロッパ旅行のパックツアーを売り込むだけではなく、ドイツの車の営業もかけるという、こういうのを今まではよく言えば民間企業の努力、悪く言えばアングラ的な名簿の流出とかそういうものを使っていた。そのダイレクトメールのためのリスト作りというものを国家ぐるみでやろうという事でもあるわけです。

この場合は結局国による管理というものとはちょっと違いますが、我々は市場というのか金づるとしか見られていない、そういうことになっています。

今まで主に住基ネットを中心とした国民総背番号制について話してきましたが、これらは他の様々のハイテク技術と連動していく、これはもう間違いないですね。

ます。

◆すすむ「バイオメトリックス」研究

やはり小倉さんの話の中に出てきましたけれども、盗聴法であるとか、指紋とか、声紋だとか、こういう技術です。とくに指紋とか声紋とか言うのはバイオメトリックスというふうに呼ばれています。

バイオメトリックスというのは生体による個人識別技術です。これは確かに他の人にはないんです。指紋は他の人に同じ指紋はない。実は厳密に言うとそうでもなくて、年をとると指紋を読み取ることが難しい、乾いてきちゃうから。あるいはどんな仕事だったか、特に指をこすりすぎて指紋を読めなくなっちゃっている人は現実にはかなりいるので、そんなに完璧なものでもないんですけれども、かなり確度の高い個人認証技術として知られています。

指紋の場合はさっき関西大学の話題が出ましたが、多くの大学、それから特に大企業では今かなりの部分で入退出の管理システムに使われている。ですから、例えばNECあたりの社員さんは自分の会社だからといって、社内のどこにでも行けるわけでもないんですね。ある特定の部屋はどの分野の例えば課長以上しか入れないとか、どこの部屋は経理の部長以上しか入れないとか、そういう部屋が一杯あって、それがただ単にそういっているだけではなくて、入れる人だけが指紋の登録をしておく、で、ドアの入り口の所の機械に指紋を押して、いいよとなってはじめてドアが開くという仕組みがすでにかなりの企業で導入されています。

NEC自身がそういう技術を作っていて、NECは警察の犯罪操作に使う指紋の読取り技術で世界の六〇％のシェアを持っている会社ですが、これがもうすでに民生用に大々的な営業をかけている。私は直接ＮＥＣにも取材しましたけれど、ＮＥＣの営業担当者曰く、たぶん多くの会社で労働組合が反対してくるだろうと最初は思っていたそうです。ですから営業をかけるときも非常にびくびくしながら最初はやっていたと言うんですが、私が取材したのは去年ですがその時点で、一、二年営業しているけれども労働組合に反対されたことは一度もないということでした。

その他にもバイオメトリックスの中には目の光彩、アイリスといわれているものですね。それとか目のもっと奥の網膜といったものを読み取る技術もあります。これらは指紋よりより確度が高いといわれていますが、その他に最も恐ろしいのは顔認識技術というのがあります。顔認識というのは私なら私が斎藤だということがはっきりしている場合、その顔写真を取っておくと、例えば監視カメラをどっかに置いておいて、その監視カメラのバックアップにその顔写真データベースを入力しておくと、その監視カメラの前を通っただけで、あ、斎藤だとこういうふうにわかってしまう。

さっき言った指紋とか網膜とかいうのがまだましなのは、これは基本的には自分の意志がないと押さないですね。指紋の入退出管理の時に自分で押してはじめてチェックされる、だけども顔認識の場合は恐ろしいのは何も監視カメラの前に顔をさし出さなくてもわかってしまうのが恐ろしい。ちょっと横を通り過ぎただけでもわかる、あるいは顔写真を取った時より年を取っていてもわかる、メガネをかけたり、髭をはやしたり変装していてもわかる。というのは人間が見て判断するのでなく、コンピュータによる顔認識というのは、もっと人間の顔の一生涯変わらない部分をチェックするからなんですね。

チェックするポイントがオムロンの技術の場合はだいたい一人の顔で四〇ポイント位ありまして、それをチェックするとこういうことができてしまうという話です。これはすでに入退出管理をはじめとして老人ホームの徘徊老人対策、あるいは様々なお店の顧客管理システムに使われています。

顧客管理というのはお店の出入口に監視カメラを置いてお得意さんの顔写真を入力しておく、そうすると奥の控え室に店員さんがいてもお得意さんが入ってきただけで、あ誰さんだとわかる、しかもただわかるだけではなくて、そのお客さんの顧客データベースと連動させていますから、私なら私が例えば呉服屋さんのお得意さんだとします。ものすごくお金持ちだとします。入ってきたら斎藤さんだと、斎藤さんはいつもいらっしゃるとどういうものを何十万円くらいは買って下さるんだと、どういう勧め方をすると喜んで買ってくれる、あるいはうちの店員さんの中だったら誰さんだと相性がいいとか、よく話を聞いてくれるとか、こういうことが総て控え室でわかっちゃうんですね。ですからベテランのおかみさんではなくても、新人のアルバイトでもすぐに適当な対応ができるということで、いろんな小売店では今歓迎されているそうです。

この技術を進めていけば、例えば今様々な公立学校では日の丸・君が代が強制されて、逆らう先生がもちろんいますから、そういう方に対しては事務の人あたりがビデオカメラで撮影しておいて、後で教育委員会へ持っていったりする陰湿な話がありますけれども、これもその事務の人はそんなことをしなくてもよくなる。

カメラを置いておけば誰がどういうふうに対応したかは総て個人の名前と共に特定できるわけですね。ですから例えば人が大勢集まる場所に、プロ野球の開幕戦なんかのスコアボードの所にでっかい監視カメラを置いて四方八方を見渡せるようにしておく、でゲーム開始の前に君が代を歌わしたときに、立たない人あるいは立ったけど口を開けない人、これが総て監視カメラに記録される、で多くの人が免許証を持っていればこれで誰が歌わないかが全部わかる、全部警察に記録される、と。

今免許証だけしかなかったとしてもこれは顔写真がいずれ義務付けられていくかもしれないというような話ですね。事実そのオムロンでは今警察と相談しながら町のあちこちに監視カメラを置いて顔認識システムとどう連動させるか、それが法律に違反するのかしないのか、ここ一、二年ずっと相談しているところだといっておりました。

ちょっと言い忘れましたが、さっきの指紋の話で、私はＮＥＣの指紋認証システムの資料を持っているんですが、その一番しまいの方には警察官が迷子の指紋を読み取っている絵が出ているんですね。つまりこの資料の前提としてあるのは、子どもを含めて全国民の指紋を登録しておく、そうすれば迷子が出たり徘徊老人が出たりした時に警察官がその指紋を読めば、これはどこの誰だかわかって親元に返すことができるとそんなイメージの資料なんですが、これも考えようによってはかなり恐ろしい話だと私は思うのですけども。なかなか企業社会ではそういうふうにはとっていないみたいです。

◆「多様化」という名の序列の固定化

そろそろ終わりにしますが、この手の管理社会・監視社会を話題にする時は国民総背番号制が問題なんだという話をする時にしばしば言われることがあります。それは、話はわかりましたけど、それがなんで悪いんですか、便利になるんだし、企業が潤うんだから、そうしたら雇用だって増えるんだから、我々も経済的には豊かになるんじゃないかというふうに言われて、そのたびに答えに窮するというよりはちょっと困ってしまうんですね。

というのはあまりにも価値観が違うな、と。私などただ単にそうやって監視されるだけで気持ち悪いじゃないかというのが何よりも最初にあるものですから、そのことで同じ共通の認識が持てない人といくら話をしても無駄なような気がしてしまうんですが、こういったいろんなことを話したりしているうちに、わかってきたことがあります。というのはそういう生理的にいやだという部分、それから管理監視されれば事実上の思想信条の自由が許されなくなるんじゃないかという部分の他に、管理社会というのは結局階級社会と裏腹だと思うんですね。

管理するとか監視する場合、何のために管理するのか監視するのかといえば、その人達にとって都合よく世の中を動かすため管理するわけですから、当然現実の力関係というのは固定される結果を生んでいく、これはもう間違いない。ただ単に理屈のうえだけでなくて、今進められている様々な世界的あるいは日本で進められている改革の流れ、教育改革であるとか規制緩和であるとかそういうものを考えていった時にですね、非常に自由だとか政府の言う規制というものを外す方向になっているんですね。一見口当たりはいいんですけども、その結果何が起こるかといえば、強いものが勝つだけになっていく。労働市場の規制緩和でだんだん契約社員とかパートタイマーとか派遣社員がふえています。

これは多様化といいながら、実はその一つの会社の中における従業員の序列化という側面があるんですね。こういったことがどんどん固定化されていく、教育改革などについて言えば、ゆとり教育ということで授業時間とか授業内容などがどんどん削減されていますが、その一方で私立の学校というのは削減していないんですね。

ですから中高一貫の学校は今まで通りの授業内容をずっと続けている、一方公立の学校はどんどん減らしていく、それが中高六年間続けば、明白な学力の差になっていく。ですから偏差値偏重がいいか悪いか以前にそういう格差が生まれているのが現状です。

そういう中で監視が続いていけばもう挽回が不可能になるんじゃないか、結局元々裕福なうちに生まれて、小さい時から優秀な人間だけは先々もいい暮らしをすることができるけれども、元々たいしたうちに生まれなかった子どもは教育の機会もあたえられずに、先々を送らざるをえない世の中が、そういうものが既に作られつつあるというふうに私は取材の結果確信しているのですけども、そういった状況がこういう監視社会・監視システムによってより強化されていく、とすれば敢えて言いませんけども、徴兵制とかそういうふうなところに結びついていくのも時間の問題だとおもっています。

この問題はですから、ただ管理監視というだけでなくて、これから私たち人間がどんなように生きていくのかということに結びつくものすごく大事なテーマです。その辺のことを後で議論できればいいなと思っています。どうもありがとうございました。

日本の管理体質と住基ネット

――総務省発足に警鐘を鳴らす

佐藤文明

ちょっと乱暴な言い方ですが、僕は住基ネットワークができてプライバシーが危機に瀕しているからといって、なにも今さらあわてるような問題ではないと思っています。これまでも確たるプライバシーがあったとは思っていないからです。もっとも、ＩＴ技術が運んできた新たな監視社会に対しては、厳重な警戒とチェックをしておく必要がある。それを考える上でも、それ以前からあったこの国の管理体質、それが持つ問題点を改めて検証してみる必要があると思うのです。

僕は戸籍、住民票という日本固有の監視システムを研究してきたわけですが、そこには日本社会の支配の特徴というものがくっきりと浮かび上がります。たしかにＩＴによる監視は日本固有の現象ではなく、どこの国でもやりたい、実際もやっている、そういうものであるのは事実です。でも、「だから日本でも仕方ないんだ」というわけにはいかないだろうと思います。

◆地域からのミニマムな支配

僕は日本の監視社会というものを、非常に精密な細かいもので、自分自身が監視されているという意識もないミニマムな支配によって成り立っていると考えています。このミニマムな支配がそのままグローバルな支配、すなわち国家管理にまで及んでいる。それが特徴ではないかと思うのです。

ミニマムな支配というのは生活の身近な支配、すなわち生活の相互監視のことです。普通、これは国家管理できない部分です。ところが日本ではこれができている。その例として、警察が誇る「世界に名だたる交番システム」があります。では、この交番が何をやっているのか。町内会や青少年対策委員会などと組んで、一人ひとりの暮らしを見張り、情報を把握して、互いを監視しあう町の空気を作り出している。

外国では、こうした国家の監視装置を街中に置くことなどできません。サンフランシスコの日本人街にあったミニ交番はあっという間に閉鎖されたそうです。国家が直接暮らしに介入しようとすれば、当然反発が生まれます。つまり、町に立つ警察官はリスクを覚悟しなければならないのです。

ところが日本では生活の身近な情報、個人のプライベートな情報を国家に握られ、オープンにするよう強いられている。これが戸籍・住民票であるわけです。つまり、もうすでにいやというほど国家による生活の直接介入を許してしまっている。このプライバシー喪失状態のベースの上に、町内会や交番システムが足場を置いている。

戸籍が血縁支配の要であるとすれば、住民登録や町内会・交番は地縁支配の要です。問題は、この支配がなぜ成り立っているのかということです。私はこれを差別だと考えています。人と人との違いに介入し、モデルを提示し、モデルとの細かな差異を差別として意識させ、組織する。そしてモデルに近い暮らしを誇って見せるばかりか、差別されないために人を蹴落としたり、揶揄したり、密告したり……。反対に、這い上がれない自分を卑下したり……。こうしたことがお互いに自由に生きられない、監視の枠組みの中でしか生きられない仕組みを作っていると思うのです。

この細かな差別の要に位置しているのが戸籍なのですが、地域には住民登録を導入し、外国人を排除するシステムを典型とした地域支配が成り立っている。オウム真理教の信者の転入を許さない町内会やそれに応える自治体の姿勢、それを影から支える警察など、最近の動きはこの構造をよく見えるものにしているといえます。

戸籍・住基・外国人登録のこうした支配監視体制は、戦後作られ、知らず知らずのうちに強力なものになってきた。先ほど、IT技術をもってしても身元確認は難しい、という話が出ましたが、この難問を日本は人間同士の相互監視、お隣同士の相互確認という、生活レベルでのプライバシー公開（晒しあい）によって、一定の解決をしてきた。顔見知りによる同一人性の把握です。そして、これができない者を危険人物視して、追放する。

このシステムの下ではプライバシーは存在しない。プライバシーは元々あってはならないものなのです。したがって、こうした体制が築かれていく過程で、ぼくらはプライバシーを持てない、自由のない、地域生活や家庭生活を余儀なくされてきた。本来、その時点でプライバシーがおかしいという運動が生まれなければならなかった。しかしそれをちゃんとやってこなかった。それが今回の事態を招いたと思うんです。

たしかに欧米でもＩＴという新たな道具を、国民管理に積極的に利用しようとする政府の意向は大きいものだった。しかし、それと同時に市民社会の側でプライバシー意識の高まりが生まれ、意識の向上があって、新たな歯止めが作られるのと交換で導入されてきた。でも、日本ではこの動きも小さく、おかしいという声も一過性のものに終わってしまった。歯止めを求める声も、せいぜいが欧米の後追いでしかない。

だから、こういう中でやってくる総背番号制、あるいは盗聴法といったものは「海外でもやってるんだから日本でも仕方がない」というようなものでは断じてない。元々プライバシーが保証されないシステムを持ち、プライバシー意識が育たない社会にＩＴ支配を許してはならないのです。同様に、自治体の固有事務(＊7)であるはずの住基法を、自治権を広く認め、自治意識を育てる前に、自治省の指導のもとに委ねてはならない。これから与えられようとしている番号は自治体のものではなく、国のものです。

住民基本台帳の事務は、もう自治体が独自に構築できないものになってしまった。地方の時代を謳いながら、地方分権とは逆行することが起こっているわけです。これに対して、自治体はおかしいともいえない。反対の声そのものが封じられてしまっている。もちろんそこには、建前とは違った国の締めつけがある。

これに対して杉並区長が「おかしい」と異議を申し立てているのは当然で、本当はすべての自治体が声を挙げるべきことだろうと思うんです。これこそ地方自治、地方分権というものです。地方もまた、おかしいと思いながらも何も言えない。これはちょうど僕らがプライバシーの脅威と戦わず、口をつぐんできたことと軌を一にしています。個人も自治体も、主体性を放棄し、危機感を欠いたまま、なんの抵抗も見せない状況。これこそが最大の危機であると思います。

◆大蔵省と自治省との暗闘

なぜこんなことになってしまったのか。その原因にこの国の管理体質や、ミニマム支配の特徴を挙げましたが、それだけでは「なぜそれが住基ネットなのか」を説明することができません。別な背番号システムでもよかったハズだからです。

事実、コンピュータによる情報処理技術が成長するにしたがって、これを利用しようとする欲望は早くから芽生えていたわけです。が、当初のそれは住基ネットではなかった。たしかに一九六七年、住民登録法が全面改訂されて住民基本台帳法が生まれましたが、この改正の目的は住民情報の一元化であり、住民票のコンピュータ化であったわけです。番号をつけることも前提にされていた。もっともこの時の番号というのは自治体ごとの番号です。国による付番はむしろ戸籍に期待されていた。

また、同じ年、行政管理庁がコンピュータによる行政の効率化の検討を開始しますが、これが「行政統一コード」と呼ばれるものです。翌六八年には素案がまとまり、六九年の末にマスコミで発表されます。七〇年になって国民総背番号制に反対する世論が大きくなりますが、これは「行政統一コード」に対するものでした。

こうした中で登場したのが「プライバシーを守る国民中央会議」というグループで、運動の核になったといってもいい。自治労と全電通のトップがつくった画期的な運動といわれましたが、振返って考えてみますと、不思議です。単組を超えた運動がなぜ生まれえたのか。僕はこの会が本当に市民運動だったのかどうか、非常に疑いを持っております。というのも、この会議が積極的に運動したのは大蔵省が導入したカード制を壊すまでだったのです。そしてそれに成功すると強引に解散してしまう。代表の秦野八重さんも用済みにされ、自らグループを作るありさまでした。

僕は今、この会議は初めから自治省の別働隊だったのではないかと考えています。つまり、大蔵省が主導する「行政統一コード」を阻止するため、自治省周辺が画策した運動体だったと思えるのです。もちろん、大蔵省も自治省同様われわれを締め付けるということでは全く違いのない、緻密な管理をしています。「行政統一コード」も危険であることに違いはない。

例えば、大蔵省は厚生省と共同で、戸籍の違いによる福祉手当ての切り捨てを画策したり、扶養控除や相続税の適用など、戸籍情報を利用しつつ、戸籍の権威を支えてきた。その結果、戸籍情報のコンピュータ化、番号化を歓迎する立場にある。「行政統一コード」が納税者番号や年金番号をベースにするといっても、この中に戸籍情報を取り込もうと考えていたことは明らかです。

自治省にしても、戸籍情報や警察情報、あるいは外国人登録の情報に裏打ちされ、住民登録（住民支配）が効果的に運用されてきたことを知り抜いている。背番号による個人情報のドッキングで、住民支配がいっそう緻密に行えると考えるのは当然です。これが戸籍あるいは住民票をベースにした番号がほしいという思いに結ばれます。

こうして、大蔵省と自治省はそれぞれに自らの番号を望むことになります。この背景には番号の先陣争いばかりではなく、戦後の行政権力をめぐる大蔵省と自治省の根深い暗闘があるわけですが、ここでそれに足を踏み入れると問題が少々ずれてしまう。だから簡単に触れておきますと、自治省は戦後、大蔵省に奪われた「省の中の省」の地位を取り戻し、戦前の内務省時代に戻りたい、と考えてきた。

その反撃の主戦場が税金です。つまり、今日、大蔵省の権力の源泉が税金です。大蔵省以外に税を徴収する能力がない。これが大蔵省の力を支えている。自治省はこれを揺さぶり、地方交付税の枠を取り付けましたが、本当のゴールは地方徴税権の確立です（石原都知事に外形標準課税導入を勧めたのも自治省でしょう）。これによって自治省は大蔵省を封じ込めることができる。もちろん大蔵省もよくわかっていますから、何とかこれを押さえ込む。こういう暗闘があるのです。

ところで、番号を自治省が奪うということは何を意味するか。これは、大蔵省の徴税権を自治省が奪うチャンスを意味します。例えば、今、大蔵省の徴税権を利用しないで徴税しているケースがひとつあります。それが自動車です。この自動車関連税は自治省が主導して、地方税になっている。

この徴税をしているのはどこかといえば、自治省が音頭をとって作った自治体の連合体である「地方自治情報センター」というところです。今度の住基ネットワークシステムのセンターになるところですね。地方自治情報センターができたのは一九六九年、自動車税（地方税）の自主徴収配分機関として、なのです。つまりこの時から、自治省と大蔵省の番号戦争ははじまっていた。自治省がプライバシーを楯に大蔵省を追い詰めるのも、不思議なことではないんです。

そして、住基法の改正による住基ネットの成立は、この暗闘に決着がついたことを意味する。いうまでもなく大蔵省構想が敗北し、自治省が勝利したということです。自治省構想というのは内務省の復活であり、地方徴税権を含め、税の徴収システムを自治省が握るということです。クルマにナンバーを振って、警察が取り締まる。この構図を、人間に当てはめれば徴税は可能になる。この一月からスタートする総務省は、巨大な力を持った内務省です。そこが総背番号を手になりふりかまわず暴れ出したら大変です。

その兆候はもう出ている。例えば厚生省の健康保険証のＩＣカード化、あるいは介護システムのＩＣカード化、こういった動きが出るたびに、自治省との協議が必要になる。住基ネットのコードとカードを持っているからです。本来これは自治省とではなく大蔵省と協議してもらいたい、これが大蔵省構想だった。しかし、住基ネットの成立で、あらゆる行政が自治省の方を向くことになる。どちらでも同じように思うかもしれませんが、僕は、その結果、姿をあらわす内務省支配を恐れています。

◆管理・統制を本業にする総務省

二〇〇一年一月から総務省が誕生しますが、その中心になるのが自治省です。そして総務省には総務庁が吸収され、さらには郵政省が飲みこまれます。この総務省は非常に大きい組織で、なりふりかまわぬ行動に出るまでもなく非常に危険な存在です。

例えば、住基ネットがプライバシーを脅かすため、なにか問題が出てきたとき、これをチェックする機関が必要ですが、建てまえ上これは総務庁がやることになっております。ところが、この総務庁が消えてしまい、自治省の傘下に入ってしまう。つまり監視役がいなくなる。住基ネットは監視のないシステムなんです。

確かに、戦前の内務省は総務省よりはるかに巨大な省庁でした。警察庁はおろか運輸省や建設省、労働省などをあわせもつスーパー官庁で「総務省の比ではない」という言い方も成り立ちます。しかしそれでも、郵政省は持っていませんでした。ここはずっと、逓信省という別個の組織だったのです。ところが今度はこれが統合される。

僕に言わせれば郵政省の統合は通信情報ネットワークのコントロール権を握ることを意味し、今日的な、あるいは未来的な権力の源泉だといえます。つまり「総務省の比ではない」というのはまちがいで、未来的には総務省のほうが内務省よりも脅威であるともいえるわけです。

今日的にも、郵政省の七けた郵便番号に連動した配達情報というものがコンピュータ化されようとしてますが、これなどは人々の家の情報がデータ化されています。例えば何時から何時までは留守がちな家であるとか、裏口には犬がいるとか……。こうした生活情報が基本台帳と結ばれる時の恐ろしさを想像してみてください。

自民党の選挙基盤である全国の特定郵便局のネットワークが自治省の手に入った意味も小さくない。これによって自治省はいっそう選挙の勝敗を左右する力を強めたことになります。また、特定郵便局の存続のために、郵便局の「地域の情報拠点化」を進め、戸籍・住民票業務の代行まで狙っている。住民情報の掌握と自治体業務の簒奪です。

さらにもうひとつ忘れてならないのは、放送です。テレビのネットワークを支配し、世論をコントロールする恐れがある。公平性公共性といったものを口実にクレームをつけて報道に干渉する。こうした統制はすでに始まっていますが、これがさらに強まる恐れがある。携帯電話やＮＴＴ、インターネットのプロバイダーに対する統制も杞憂とはいえない。こうなれば、僕らはもっとものが言えない世の中になっていく。

内務省型支配というのはこうしたもので、自由にものが言えない統制社会を生み出します。管理・統制を本業にする、そこにしか存在意義のない省庁ですから、それは恐ろしい。このマクロの支配者が、ミニマム支配の源泉であるミクロ情報、生活情報を一手に握る。その恐ろしさは、プライバシーの危機、総背番号制の脅威を超えるといってもいいでしょう。

◆僕らの自由を守っていくことの意味

もっとも、マクロの脅威の話ばかりしていると、「では、ぼくらに何ができるのか」と考えたときに、無力感ばかりが前面に出てしまいます。これでは身も蓋もない。やはりこれを超えていく方法を探る必要があろうかと思います。

最初に戻りますが、やはり僕はこの国がこうした支配システムをつくることを可能にしたのは、身近な生活の部分での差別支配・差別管理を貫いてきた結果であると思っています。戦前の内務省、あるいは大政翼賛会といったものの支配の権力基盤、それは戸籍事務を含むミクロの差別を通じた地域支配や個人の意識統制の結果であるわけです。これがうまくいったからこそ内務省を特別な省にし、この国を特別な国にしてきたのです。

僕は自分の身近なところでの差別支配を許さない、非常に小さなところからの一歩をそれぞれがやっていく。これが遠そうに見えますが、マクロの支配を潰す一番の近道だと思っています。といいますか、そうしなければ巨大な権力に対抗することはできないのではないかと思います。

また、小さなことならやれることが山ほどある。無力感にさいなまれるようなことは少しもありません。毎日毎日、一挙手一投足、一言一言、僕らは生活のあらゆる場面で、ミニマム支配に直面し、生活態度、政治姿勢を問われます。つまり、僕らが僕らであろうとする限りさまざまな摩擦を引き起こすことになる。その時に、摩擦に押されてものを言うのをやめるか、自分を貫くのか。結局はそこに行き着く。

言いたいことをいったり、やりたいことがやれなくなる、これが最悪の事態です。そして内務省支配というのは往々そうしたものに行き着く。だから、この支配を許さないためにも、僕らは僕らの自由というものを守らなければならないのです。僕らの自由とは何か、それを守っていくとはどういうことか、先のお二方の話もそのようなお話としてお伺いしました。その根本的なものを踏まえて考えていくことが大切なのではないでしょうか。

番号システムと取り組むにあたって、そこまで考える必要があるのか、と思うひともあるでしょう。しかし、プライバシーという問題はどうしてもそこに行き着きます。僕は住基ネットワーク・システムと取り組むにあたって、いつも権力と権利の中に置かれた自由という問題を考えてきました。そのあたりのことをディスカッションを通じて深められれば、と思っています。

［パネルディスカッション］

様々な立場から、やれること、やらなければならないこと

佐藤文明・小倉利丸・斎藤貴男

佐藤：それぞれ三〇分少々という短い時間でしたが、大きな視点は出てきたんじゃないかと思います。その辺を前提に少し論議を深めていきたいと思います。

小倉さんは、盗聴を含めた監視社会体制は日本に限らないという指摘をされていました。最近アメリカに行ってこられたということですが、あちらのことについてちょっとお話しください。

◆盗聴先進国・アメリカ

小倉：各国の捜査機関がやっている盗聴の問題ついて少し議論しようということで、先週の月曜日にロサンジェルスで集会が開かれました。日本のことについてはぼくが少し話をしました。それからアメリカ自由人権協会の中国人が、今のアメリカの盗聴法制の現状について話をしました。本

当は、いまイギリスですごく問題になっているＲＩＰという新しい盗聴立法についてイギリスから話があるはずだったのですが、来られなかった。

盗聴の問題でどこでも今一番話題になっているのは、電話やファックスの盗聴があたり前になっていて、捜査機関も技術進歩にあわせたノウ・ハウを蓄積しているということです。それから、コンピュータ通信の盗聴についても非常に重大な問題として大きな議論になりました。

アメリカは盗聴法先進国と言われるわけですが、法律に関して言えば様々な条件が日本以上に厳しく、電話の場合、その中でまた逆探知する場合というふうに、細かく分け、限定的にしています。これらはインターネットやコンピュータなどが出てくる前の立法だったので、コンピュータ通信が出てきてたら、新たにまた法律を作り直したりするわけです。

日本の場合は非常にアバウトな法律で、何でもかんでも抽象的に入れてしまっています。ただ、コンピュータの盗聴をどうやるかという技術開発問題について、ＦＢＩも日本の警察庁もそれぞれが検討していて、だいたい似たようなことを考えている、ということが言えます。電話と違うのは、コンピュータからはデータを総取りしてそのなかから自分たちに必要なデータだけフィルターをかけてもっていくという、そういう仕組みを考えているわけです。

先週の金曜日に福島瑞穂さんが警察庁の担当者にヒヤリングをやって、ぼくも同席したんですが、その時現状の電子メールの盗聴のやり方や予算についての概要の説明を受けました。ただ、現状のやり方では、盗聴をされている側が盗聴されていることを察知することができてしまうと、警察庁は言っていました。

ぼくらも現状では察知できるだろうというふうに考えていて、技術の専門家の人たちと、自分の電子メールが盗聴されているかどうか、その確認の方法のマニュアルをつくろうと考えています。二〇〇二年に、警察庁が導入しようとしている察知されない盗聴の仕組みですが、電話、ファックスの盗聴装置一台あたり八百数十万円の機械を一五台、ということになっている。アメリカの場合は、似たようなシステムをあらかじめプロバイダーのネットワークのなかに組み込ませるような形になる。やり方はちょっと違うけど、同じ通信技術を盗み聞きするわけですから、似たようなことになります。

アメリカでの議論のなかでは、コミュニケーションの国際化で警察の国際連携がすごく活発になっていて、それに合わせてぼくらの方も何とか国際的に連携を取って運動をしなきゃいけないだろうという話をしました。また、韓国の人たちも来ていましたので、将来的には盗聴・プライバシーの問題に関しては、国際的に運動をつなげていこうということになりました。

アメリカの場合は、必要があればコンピュータのプログラムを繰り返しバージョンアップするんです。プログラムを書き換えればなんでもできてしまうんで、それがやっぱり一番問題です。

日本のいまの電話の盗聴も、やはりコンピュータのプログラムで動いています。電子メールの盗聴装置もそうです。プログラムを書き換えて入れ替えるのは簡単な話なので、そこのところにどうやって歯止めをかけるのか。その歯止めのかけ方を考えなければいけないというような話も出ました。

佐藤：日本と比較して感じるものがありましたか。

小倉：運動の面で日本とかなり違うのは、アメリカは裁判闘争というのが一定程度有効なんですね。裁判所と議会と政府がそれぞれ自己主張する権力構造になっているので、日本みたいに裁判所が政府にベッタリくっついたりしない。裁判所は政府がやりたいことに「ノー」と言ってやらせないというようなことができるわけで、そういう権力構造の使い方が違う。

あと、議会で予算を通させないということは議会対策としてかなりやられている。たとえば、法律ができた、あるいはFBIはやりたい、でも予算が議会を通らなければ、いくら提案しても現実の問題にならない。だから、予算を議会で通させないための運動というのが、アメリカのような議会構造だと比較的有効である。

それから、政府関連情報を引き出す運動というのはかなり積極的に行われている。盗聴法やプライバシー関係の政府の内部文書については、かなりたくさんの情報が公開されています。エレクトリック・プライバシー・インフォメーション・センター（EPIC）という団体が『プライバシーズペーパー』という大部の本を二年ほど前に出しました。アメリカ政府の内部文書の資料集ですね。情報公開をつかったりいろんな手段で入手した文書を提供している。そのような一定の歯止めみたいなものを運動としてある程度つくれている。ぼくらも、そのような具体的な歯止めをかけられる力をつくりたいと思いながら、頭を悩ましているところです。

◆カードで一挙手一投足が監視

佐藤：その辺は本当に私たちも頭の痛いところです。

それでは斎藤さん、カードの問題でその危険性について少し話していただけますか。

斎藤：カードを持つということがすごく大きなことだと思います。今回の住基ネットが国民総背番号制に発展していった場合に恐ろしいのは、カードを持たされてそれを使わなければならないように仕向けられることだと思う。

たとえば、健康保険証がその他のものと一緒に一枚のカードになった場合、病院に行くたびにそこで記録されたことが他の情報と一緒に蓄積されていく。鉄道についていえば、普通に出かけて行くだけでその行動が記録されていく。そのようなことが恐ろしいんです。

納税者番号と連動していけば、何か買い物をするたびにその記録も蓄積されていく。買い物も代金だけが記録されるわけではなく、何を買ったかということまでわかるわけです。現実にいま、そこまでいかなくても、コンビニエンスストアーで何か買うと、店員は何を売ったかだけでなくどんな人に、たとえば四〇歳くらいの男性とか、二〇代の女性に売ったかなどを記録していく。それがそのままリアルタイムで本社の方に蓄積されていって、商品の売れ行きの分析材料になっているわけです。

これをICカードでやった場合は、おおざっぱな情報ではなくて個人が特定されていくわけですね。何を買ったかまで全部わかっちゃう。たとえば本やビデオであれば思想傾向がわかる。行きつけの飲み屋だとかそんなのも記録される。

それから、それだけの情報が詰め込まれたICカードを落としたらえらいことになるから、かならずさっき言ったバイオメトリクスが連動することになるんですね。

アメリカには事実上の国民総背番号として使われている社会保障番号というのがあって、州によっては日本がこれからやろうとしているほどのICカード化をやっているそうです。その州ではICカードの裏に指紋が押してあったり、光彩のデータが入力されていたりしているということです。日本では、すでに通産省の予算で二年前からICカードと指紋を連動させるという計画が始まっています。通産省の外郭団体のなかにそのためのプロジェクトチームがあり、そこから民間の企業に出され、すでに仕様ができている段階ですね。

ICカードを持つのは最初の段階では任意だというんですが、結局それがなければ何にもできないようになっていくことがはっきりしていますので、たいていの人は持つことになる。そうなると、その人は朝、家を出て夜帰るまでの一挙手一投足がすべて当局に把握されるのだと、こう考えていいのだと思います。

佐藤：カードが納税者番号と連動した場合、カードを持ち歩かざるを得ない状況がつくりだされる。それが先ほど言われた最終的な国民総背番号制の完成ということになるわけですね。住基ネットというのは、その国民総背番号制に向けてのスタートダッシュだと思います。

この間、斎藤さんは、大蔵省がやろうとしてきた納番システムを批判し続けるという貴重な仕事をされています。この納番システムをアッと言う間に自治省がかすめ取ってきたというのが現在の状況ですね。自治省と大蔵省の綱引きはまだ続いているのではないかとぼくは思うんですが、そのへんについてどう考えられますか。

斎藤：はっきりわかりませんが、たぶん、いま大蔵省は少しおとなしくしようとしている段階だと思います。今年の夏、政府税制調査会が答申を出しました。慶応大学の加藤寛さんの税調会長としての最後の仕事で、彼が言うには、サラリーマン税制と納番制は少なくともバーターでなければならない。納番制は全国民に網をかけることとなる。一方、サラリーマン税は年収二〇〇〇万以下の人は全部会社が給料から天引きして、年末に調整するという仕組みをとっています。サラリーマンは本当はそれ以上管理される必要などないわけです。納番制の本来の対象は労働人口の二割くらいしかいないサラリーマン以外の自営業者や農民とかで、サラリーマンについては二重に管理することになってしまう。だから、サラリーマン税制を解体して、サラリーマンであっても確定申告するようにするべきであるというのが、彼の主張です。ただ彼は消費税が好きで、生活必需品まで何十パーセントと消費税をかけて確定申告で戻すと、こういう話です。

結局、納税者番号でやるというのは、近い将来消費税増税があるとすれば、サラリーマンには三重苦になるわけですね。ヨーロッパだと消費税中心でアメリカでは納番制、日本はサラリーマン税制だったわけですが、この三つの徴税システムがまとめてくるということです。

結局、税調答申ではサラリーマン税制についても、納番制についてもそれほど強いことは書かれていない。現時点では、納番制を強く出すと自治省にすり寄っていく形になるので、省庁再編を見た上で改めて展開してくるのではないでしょうか。どちらかの主導で一元化されるよりも対立している状況の方が、われわれにとっては多少はいいのですが。

佐藤：この住基ネットワークシステムが今後どのように展開していくのか、ということに繋がっていく話だと思います。今はこのシステムは一応、利用に縛りがかかっていて、そのためにメリットもよくわからない。しかし、本当はもっと効率よく利用しようと思って導入しているわけです。そのための仕組みとして、いろんなことが考えられているわけですが、一番大きなポイントとして上げられる一つが納税に利用していこうということだと思うんです。そしてそれが導入されることによって、総背番号制が完成する。生活の上でカードをはなせなくなるという状況に追い込まれるわけです。ゴールはそこにあるのではないかと思います。

斎藤さんと同様で、ゴールに向かって全省庁が一丸となっているわけではないと、ぼくも思っています。大蔵省と自治省との戦後の確執というのは今なおあるし。

大蔵省は今そうとう追いつめられていて反撃するチャンスすらなくなってきている。二〇〇一年に総務省が発足し、新政権が成立(*8)したりすると、事態は少し変わる可能性もある。やはり運動の側はそういった政局の動きも見ながら、巻き込まれるのではなく、やれることをやっていく必要があるだろうと思います。

こういう動きは、国際的にもいろいろあると思います。国際的な警察機構の連携が強化され活発になってきているという話が小倉さんから出されました。これは国際的な正式な条約などではなく、闇協定(*9)なわけですよね。市民がチェックできないところでことが進んでいる。日本の自治省、警察庁というのも、そういった国際的な流れの一端をはっきり担っていて、そういうものに支えられて大蔵省が口出しできない状況を作ってきたというふうに思っています。

そういった意味で、小倉さんにいまの世界の情勢がどうなっているのか、盗聴法関連でエシュロンの問題など出されてましたが、すこしお願いします。

◆軍事的な盗聴ネットワークと国内の盗聴が合体

小倉：住基法との関連ではまだわかりませんが、エシュロンの概略だけお話しします。個人に対する監視、盗聴の仕組みというのはいろいろなレベルがあって、各国の捜査機関が主として犯罪捜査の名目で行うのが、日本でいえば盗聴法にあたるわけです。どこの国でも、一応プライバシーを護らなければならないというのが前提になっているわけですが、同時に国家権力は例外的にプライバシー侵害してもいいという権利ももっている。

その一つが犯罪捜査のための盗聴捜査です。もう一つに、国家安全保障のための盗聴というのがあります。日本の場合は、その二つが区別されていないわけです。これも公安警察には有利なものとなっています。そして、国別に行われている盗聴捜査と、国際的な捜査機関との連携があって、盗聴捜査の情報を相互に融通し合う。日本の警察も、日本国内の盗聴によって得た情報を、外国の捜査機関にも提供すると言っている。日本政府が既に協力しているサイバー犯罪条約は警察のグローバル化の最たるものです。

今のは警察レベルの話ですが、軍事組織レベルでの盗聴があって、いま有名になったものがエシュロンと言われているものです。

戦後冷戦体制のなかで行われてきた、アメリカの国家安全保障局をトップにしたオーストラリア、イギリス、ニュージーランド、カナダなど、英語圏の軍事通信傍受組織が中心の国際的な通信傍受のネットワークです。イギリスがEUに加盟したときに、イギリスがもともとヨーロッパの大陸に対してやっていた、国際電話や、ファックス、電子メールなどの盗聴が大きく問題になって、それで国際的にそういうネットワークがあるというのが明らかになってきたわけです。

イギリスで発覚したエシュロン問題のさらに少し前ですが、ニュージーランドのジャーナリストのニッキー・ハーガーという人が、『シークレットパワー』という本を書いています。その中でオーストラリアとかニュージーランドの通信傍受組織が、アジア・大平洋地域でやっている通信傍受について、かなり詳しく書いていています。日本の在外公館とか外国の日本企業を、たとえばオーストラリアやニュージーランドの情報機関が通信傍受しているということなど、具体的な事例や、取材で得た証言をもとに書いている。そのような国際的な情報機関が行なっている通信傍受のネットワークは、毎日膨大な量のデータを盗聴し、得た情報を日々解析してデータベースに放り込んでいくという仕事をしている。それを総称してエシュロンと呼ぶわけです。

このエシュロンを支えているUKUSA[*10]という軍事同盟には、日本や韓国、ヨーロッパではドイツとか、イタリア、ギリシャなど全部で十数か国加盟しています。日本は、たぶん朝鮮戦争直後くらいに加盟したんじゃないかといわれています。日本の場合、極東地域――朝鮮半島やロシア、中国の通信を監視するという役割を担っているといえる。

現在起きているのは、そういう軍事的な通信盗聴のネットワークと国内の盗聴の仕組みが合体する形を取り始めていることだと思うんです。たとえば朝鮮半島で起きている状況に対応して日本国内の在日韓国・朝鮮人の人たち、あるいはそれを支援する人たちの運動がどうなっているのか。そのことと朝鮮半島の政治情勢と結び付けて全体として見ていくような情報収集の仕組みを作る。いまでもなかったわけではないのですが、それを今のコンピュータ通信のテクノロジーをベースにして作り変えていくというのが、いま進んでいることだと思います。ですから、エシュロンが住基法みたいな個人情報の基礎的なデータとどうつながっていくのかというはよくわかりませんが、警察の通信ネットワークとどこかで接続されているということはありうるわけです。そのとき警察がこのネットワークをどれだけ自由に使えるのかというところで、関わりがでてくることになるのだろうと思います。

佐藤：住基法のコンピュータシステムはあくまでも自治省のものであり、しかも本人確認の利用に限るというのがとりあえずの建て前ですから、それが国際化する軍事ネットワークと即リンクするという話にはならないだろうと思ってはいます。ただ、都道府県が条例によって公安委員会の照会にたいして利用を認めても良い、とする国会答弁がありました。つまり条例さえできれば公安が利用できる状況はつくれると、考えた方がいいでしょう。

公安委員会とは、国家公安委員会、都道府県公安委員会とがあって、そのもとに都道府県警がありますます。警察庁が中央集権的に全部指揮しているようだけれども、建て前だけではなく法的にも都道府県警が単位です。自治体警察なんです。警察庁は限定的なことしかできなくて、それ以外のことは都道府県警が勝手にできる。どこまで勝手にしているかは情報公開されていないのでわからない。

たとえば神奈川県警が勝手にアメリカとの独自の条約や協定を結んでいるというのがありうるわけです。完全に独立した自治体警察であった頃から、神奈川には軍事施設がたくさんあったために、協定を結ぶ必要があったんです。その協定がその後反故にされる必要はないわけで、いまだに持続していることもありうる。つまり、日本人の情報が米軍に流れているということはありうる。これは安保条約上も認められているわけです。ぼくらが今までまったくチェックしてこなかっただけの話で、実際どうなっているかわからない。

住民情報、外国人情報が流れる可能性も前提に見張っていかなければならないし、これには条例というものが必要になってくるので、条例制定の動きも見ていかなければならないでしょう。このようにあまりにも大きな問題に対して、ぼくらはどう対処できるのか。小倉さんの話にあったように、裁判に訴えたり、予算を調べたり、情報公開などで対抗していく方法など、いろいろ考えていかなければならないでしょう。

そのあたりで、少しご意見を伺いたいと思います。斎藤さんいかがでしょう。

◆どのようにして抵抗し続けるか

斎藤：非常につまらないことのようですが、本当にいやであれば毎日逆らい続ける、それしかないのではないかと思っている。住基ネットはまだ動いていないので具体的には言えませんが、たとえば、自動改札機だったら通らないとか。

あれができたときは、鉄道会社の仕事をなぜこっちが代わりにやるんだ、なぜ機械の関所を通らなければならないのかと、頭にきた。まわりにもそういう人は結構いたのですが、駅員はうるさくなってきたし、最近では有人改札に扉ができて逆らう人は一人もいなくなった。ぼくは今でも逆らい続けているのですが、五度に一度は呼び止められる。「あっちを通れ」と怒鳴られたり、床を叩かれたり。だけどその都度逆らう。すごくばかばかしいようですけど、これをばかばかしいとか面倒くさいと思わないようにしたい。

このことで船橋の駅で取材したことがあるんです。そこには二十数台の改札機が並んでいて、朝、両方からサラリーマンたちが来るわけ。軍靴の響きという感じですごくリズミカルなんですね。何千人という人が数十分の間に通って行くんですが、みんな右手で定期入れを出し、定期入れに空いている穴から親指でちょっと定期券を出してシュッと入れる。カシャッ、ジー、カシャッ、ジー、というのが延々三〇分続き、一人もつっかえなかった。これ自体がたぶん、非常に異常なことだろうとぼくは思うの。

名古屋の地下鉄で有人改札を通ったとき、こんなことがありました。「お客さん」と呼ばれたけど無視して行こうとしたら駅員が追っかけてきた。そして、こっち通ってくれなきゃ困ると言うんで、「改札は通ったよ」と答えると、条例で決まっていると言ってくる。条例できまってる?と聞くと、「いや、改札を通るのが決まっている」と。「おれは通った」「こっち通ってくれ」「じゃあ、あんたやってくれ」、となって、その人はぼくの切符を持って自動改札を通り、切符を持ってきた(笑)。「ご苦労さん」と言ったら、「今度からは自動改札を通ってください」という。「いやだ」と答えると、彼は大声をあげて柱を殴って、有人改札のところにもどって頭を抱えながら呻いている。本当はぼくを殴りたかったんです。ぼくはその時、権力の一端を与えられた人の恐ろしさをかいま見たような気がしました。こんなばかばかしいことをすすめはしませんが、嫌なことはやらないということが基本だと思います。

あと、会社では言われたことしかやっちゃいけない、「いやだ」と言えない。こういうことにももっと敏感であるべきではないかと、思います。

小倉：自動改札の話で、斎藤さんと少し違う話をします。ぼくは東京に来るときに、上越新幹線の越後湯沢で乗り換えるのですが、ここは時期によって風景が違うんです。ここの改札は、乗車券と特急券を全部重ねて改札機に入れなければいけない。乗り継ぎの駅だから乗車券も複数あるんです。慣れている人は知っているので重ねて入れるんですが、夏休みなどそういう時しか通らない人が増えると、だいたいみんな間違う。週末などもそうだと思いますが、その時期になると、駅員やアルバイトが自動改札機一台にほぼ一人の割合でついている（笑）。そして「切符は重ねて通してください」と叫んでいる。それでもトラブルは必ずいくつか出てきて、そのうちに乗客が乗り継ぎの列車に乗り遅れそうになって「もう、改札は通らなくていいから」と脇から通すようになる（笑）。

最近になってもあまり改善はされてない。人間というのは基本的にそういうのは苦手なんだろうけど、いわゆるサラリーマン社会の行動パターンというのはすごく画一化されていて、いったんそれが身に付いてしまうと慣れてしまう。サラリーマン的な画一化されたパターンと違うスタイルが当然必要になってくるのだろうと、斎藤さんの話を聞きながら思いました。

これからどうしたらいいかという話ですが、住基法に関しては基本的にはコンピュータネットワークですからコンピュータの技術なんですね。ぼくらは技術者ではないので、その仕組み自体をぼくらの側がきちんと理解するのは無理だとしても、どのような技術が用いられているのかを明らかにしていくということは絶対に必要です。たとえば、個人情報の入っているネットワークのセキュリティの問題点や、警察、外部への情報提供の技術的な可能性などが明らかにされてしまうと、そんな危険なものは使えないということになる。善意のハッカーであれば、こんなあまいセキュリティーのものを使ったら大変だろ、という警告を発するためにシステムに入ってきて落書きをするかもしれない。技術というのは、いくら隠してもわかることはわかる。だから、技術的な限界を徹底して暴いていくということが必要だろうと思っています。これは、反原発運動や反自然開発運動などの中でつちかわれてきた技術批判をきちんとうけとめた運動をネットワーク社会に関しても展開するということですね。

もう一つは、予算の問題です。通ってしまった法律を覆すのは難しいのですが、予算に関していえばいろいろできることがあるのではないかと思います。盗聴法の場合も、毎年概算要求がでます。それから補正予算の中にも盗聴法関係の予算がでるかもしれない。来年の概算要求がどう出ているのか調べてもらったら、やはり警察庁から出されていた予算に、得体の知れない予算があったり、声紋鑑定用の記録テープを請求してる。そのテープの本数と裁判所に提出するためのテープとして請求していた本数が一致しているんです。少なくとも、盗聴捜査をやったら裁判所に提出するテープと捜査のために使うテープと声紋鑑定用テープの三本を必ず使うということであり、声紋鑑定は必ずやるということです。たとえば、こういうことがわかったりするわけです。

住基法に関しても、それぞれ中央省庁が出している予算はどのような内訳になるのか、これまでの国会答弁と一致するのかどうかを調査する。あるいは得体の知れない予算があれば徹底して追及したり、予算自体を止めることができないかなど、縛りをかけるということはできるかもしれないと思います。

あと、これはかなりむずかしいのですが、立法自体が違憲であるということで、なんとか法律の専門家に運動やってほしいと思うし、盗聴法、住基法、プライバシー問題など個々に論議され、運動がつくられているわけですが、それらが気楽に横につながれるような運動をつくっていければと考えています。

佐藤：違憲立法審査が難しいという日本の非常に遅れた体制がいま歴然としてきています。そういう中でぼくらができること、やれなければならないことはいろいろ広がりすぎていて難しい面もあるんですが、知恵を集めていきたいと思います。

今日はどうもありがとうございました。

[注]

(1) IT基本法

電子商取引の促進、電子政府・自治体の推進というIT革命を目指したもので、正式名称は「高度情報通信ネットワーク社会形成基本法」。二〇〇〇年一一月に成立。二〇〇一年一月に施行された。これに沿って政府（内閣に置かれた高度情報通信ネットワーク社会推進戦略本部）が重点計画を策定する、と定めている。

（2）情報流通適正化法

別名「プロバイダー規制法」と呼ばれ、悪質なホームページをプロバイダーが自主的に削除できるよう、法制化したもの。表現の自由に介入し、総務省によるインターネット規制に道を開いたものとして批判されたが、二〇〇一年の通常国会で成立。二〇〇二年一月から施行されている。

（3）明示的禁止

住基番号（住民票コード）の警察による利用について、明示的な禁止がないばかりか、都道府県の関係機関が利用する場合には都道府県の条例があればいいことになっている。この関係機関には都道府県の公安委員会（各県警本部）が含まれ、改正法審議の際、政府は「条例があれば警察も利用できる」ことを認めている。また、東京都によれば、都の公安委員会にも条例制定を求める動きがあるという。

（4）例の森首相

小渕首相の死去により、急遽、密室の決定で首相に担がれた森内閣の唯一の政策的な売りが「ＩＴ革命」。落ち込む景気と雇用とをＩＴによって挽回しようとするもので、裏づけのない幻想として、掛け声倒れに終わった。「例の」というのは、森首相が相次ぐ失言と、中身のない政治姿勢が嫌われて、支持率が低迷。政治不信を決定的にしたことを指す。

（5）電子政府

政府が繰り出す幻想のひとつで、二〇〇三年にスタートし、二〇〇五年に電子政府の環境整備を終え、一部の選挙に電子投票を導入。数年後にはすべての選挙をインターネット投票に移行しようという構想。インターネットですべての行政手続きを可能にしようというもので、ベースになるのは本人確認のための電子認証システムの構築。これが確立されれば電子投票も可能になる、というもの。

（6）納税者番号制

あらゆる商取引に番号を利用させ、金の流れをガラス張りにし、税の公平性を確保しよう（総合課税）とするもの。しかし、これと背番号（番号カード）とが合体すると、夕飯の買い物にもカードが必要で、番号が民間に流出すると同時に、プライバシーが丸裸にされてしまう。究極の国民総背番号制だといえる。なお、一九九四年、大蔵省は技術的な困難さから総合課税を断念。にもかかわらず、納番制の早期導入を決めている。

（7）固有事務

自治体の仕事には戸籍のように法務省の仕事を代行しているもの（機関委任事務）と、住民登録のように自治体自身の仕事（固有事務）とがある。固有事務は国の命令によって行われるものではないので、自治省が国の番号（国民番号）を振るよう強制することはできない。そこで住基ネットでは、自治体どうしが自発的に始めた、というタテマエをとっているが、これがまやかしであることは明白である。

（8）新政権の成立

講座の時点では加藤紘一の総裁立候補の噂が具体化しており、そのバックに大蔵省があるのはわかっていた。陰の総理・野中広務が自治省と一体だったので、これへの反撃である。しかし、この「加藤の乱」は不発に終わり、新政権はまぼろしに。しかし、その四か月後に「小泉の乱」が勃発。財務省（大蔵省）は当初、小躍りして総務省（自治省）に対する攻勢を強めた。総理自身の郵政民営化に加え、道路特定財源の廃止、納税者番号制の独自導入(住基ネットと別個に)などが政策として浮上したのもおなじ流れだ。

(9) 闇協定

国際的な警察機構の連携はこれまでもICPO(国際刑事警察機構)などの協定による連携などがあったが、日本の場合、日米安保条約や地位協定に基づくアメリカとの連携は闇の中で、具体的には何も明らかにされていない。次の注(10)の、日本も加わっているというUKUSA同盟も秘密のベールに包まれたまま。そこで日本がどんな役割を果たしているのかは不明のままだ。そんな中、一九九四年のナポリサミットあたりからアメリカが音頭を取り、国際的なテロ対策が始まった。国連も九九年には「テロ資金供与防止条約」、二〇〇〇年には「国際組織犯罪防止条約」が締結されて、闇協定は正式な条約にとってかわろうとしている。

(10) UKUSA同盟

第二次大戦中、イギリスとアメリカが結んだBRUSA同盟が戦後、改組されたもので、第二構成国としてカナダ、オーストラリア、ニュージーランドが加わっているのでアングロサクソン同盟とも呼ばれている。通信の傍受を共有するための軍事同盟で、その後、アメリカの国際戦略に忠実な日本などが第三構成国として参加している。しかし軍事を越えた高度な諜報システムであるエシュロンへの参加は第一・第二構成国、すなわちアングロサクソン同盟に限られている、とみられている。

資料篇

［資料1］ 住民基本台帳法改悪案の廃案を求める要請書

住民基本台帳法（住基法）を改悪する政府原案の修正案が、六月一五日、衆議院本会議で可決され、参議院に送られました。私たちは、参議院議員のみなさんに、衆議院で積み重ねられた審議を踏まえ、議論し尽くされていない問題点を徹底審議し、住基法改悪案を廃案に追い込むよう要請します。

◆そもそも住民基本台帳法の目的とは？

住基法の目的は、市町村長が住民の居住関係を公証することにあります。全国センターが国民に例外なく番号を付けたり、住民の個人情報をオンラインで国に提供したりすることは、立法の趣旨とは相容れません。それらは独立した法案として提案すべきものであり、住基法の改悪によって実現しようとするのは、立法手続きの誤りです。

◆国による個人情報の一元管理こそ問題

住基ネットワークシステムが導入されると、全国民の個人情報がオンラインで集中管理されます。問題は、住基ネットで集められた個人情報が漏洩することではありません。一億二〇〇〇万人分の個人情報を、実質的に国が一元管理することこそ問題なのです。

◆国際基準は行政による過度の個人情報集積を許さない

個人情報保護に関するOECD八原則は、もはや時代遅れです。現在の国際基準は、「政府から独立した監視機関を設ける」「行政に過度の個人情報を集積しない」「登録拒否者を罰しない」というところまで来ています。住基法改悪案は、こうした国際基準を全くクリアしていません。

◆国家権力による国民監視社会を阻止しよう

大蔵省のグリーンカード制や年金番号による納税者番号導入を排除した自治省は、法務省・警察庁の旧内務省グループと共に、省庁間のヘゲモニーを掌握しました。具体的な事務手続きを省令で定めるという住基法改悪案は、行政に白紙委任状を渡すも同然。行き着く先は、旧内務省グループの復権と、国家権力による国民監視社会です。止めるのは今。院内・院外の力を結集して、住基法改悪案を廃案に追い込みましょう。

一九九九年六月一七日

国民総背番号制法案に反対する市民連絡会(NO番連)

番号管理・情報監視はいやだ!市民行動

〔資料2〕都交渉資料

【解説】

私たちは住基ネットのタテマエ上の運営主体が都道府県であることから、東京都に対して三度の申し入れを行い、協議の場を確保してきました。国がどういう姿勢であれ、都が独自の判断をすればシステムをとめることも不可能ではないはずなので、重要な交渉であると考えたわけです。

三度の交渉に際しては、当方の「質問書」と都側の「回答書」、それに交渉打ち切りにあたって当方が提出した「意見書」があり、以下、資料として掲載しますが、基本的には最後に提出した「意見書」にもあるとおり、都にシステムの主体者としての自覚が皆無である点が最大の問題だといえます。この自覚なしに、システムにかかわる都の事務をセンターに委託したというのは無責任きわまる「丸投げ」で、予算の使途としても問題です。他の都道府県も同様だ、とはいいながら、都道府県の中では圧倒的な力を持ち、国に対抗しては物議をかもす知事を持つ東京都が、他の道府県に先駆けてシステムを受け入れ、総務省（自治省）の思惑どおり、センターへの事務委託を行った事実は決して軽いものとはいえません。資料はこの点を踏まえてお読みください。

なお、一回目の交渉では都側の考えを引き出すことを主眼としました。その結果、都はシステムをメリットがあるものと評価し、市区町村が構築したデータの一部を吸い上げることを問題だと考えることがないばかりか、吸い上げたデータは都のもの、との認識を明らかにしました。したがって、そのデータを都の関連業務に利用できるよう、条例を制定するにあたっても、人権に配慮はするが、有効に活用するのは当然、という立場にある、としました。したがって、公安委員会が利用したい、といってきた場合、捜査に利用する場合は抵抗があるが、銃砲刀剣類の所持免許の本人確認に利用する、といった場合には拒む理由がないこと、捜査に利用する場合でも知事がＯＫを出せば事務方としては従うほかはないことを明らかにしました。また、条例については他の道府県と足並みをそろえたい、とのことでした。

二回目の交渉では、吸い上げたデータは都のものという言い方を撤回。基本的には住民のものなので、自己情報へのアクセス権には十分な配慮をしたい、とし、自分のデータが何のためにどこで使われたかを開示する必要を認め、その保障が明確でないセンターでの扱いに対しては釘をさしていく必要があることを認めました。また、システムに疑問を呈し、杉並区が制定した、データ送信の停止を可能とする「条例」にたいする都の姿勢を糾したところ、憲法に反する人権侵害があった場合には都としても停止を含む対応を考えなければならないだろう、としました。また、利用条例の制定に関しては、総務省に

「別表拡大」の動きがあるので、その動きを見守る。それまで、独自の検討は行わない、との回答を得ました。

三回目の交渉では、まだ当方が入手できなかった総務省の「別表拡大素案」をもとに、話し合いが持たれ、拡大が広範囲にわたっているので独自の条例は不要かもしれない、との都側の意見が表明されました。

都に対してはこれからもシステムの主体者としての責任を追及していきますが、当面はシステム立ち上げに伴う不当なPRを監視していくとともに、目前に迫った住基ネットの実施阻止に全力を上げるため、都交渉はひとまず休止することとして、現在にいたっています。また、当会の活動を参考に、他のいくつかの道府県でも、同様の交渉・申し入れが行われています。

（佐藤文明）

【第1回目】住民基本台帳ネットワークシステムに関する質問並びに申し入れと都側回答（東京都知事宛て、二〇〇一年六月二五日）

一九九九年八月に改正住民基本台帳法が成立し、二〇〇二年には各自治体においてシステムの運用が開始されます。

ところが、最近では、杉並区長が住民基本台帳ネットワークに対するプライバシー上の懸念から参画を保留する意向を表明しています。

私たちも、莫大な税金を投入しながら、このシステムが住民票事務の効率化、国の機関に関する九二事務への情報提供にのみ利用されるとは到底考えていません。一一桁の住民票コード付番は、いわゆる「国民総背番号制」であり、それをキーコードとして様々なデータが私たちの知らないところで使用される危険性を払拭することができません。

住民の利便性の向上というのが今回のネットワーク構築の大義名分となっていますが、これとても転出入の届けが一回ですむ、や住所地以外で住民票をとることができるなど、とても「利便性の向上」と呼べる代物ではありません。

こうした「利便性」と言われる点よりも、集められた私たちの個人情報の利用方法に対する懸念の方がより大きいと考えます。

ご存知のように、住民基本台帳ネットワークにおける個人情報の収集は、市町村で行いますが、住民票コードと基本四情報の管理は本来都道府県知事が行います。ところが、ほとんどの都道府県がその事務を指定情報処理機関（いわゆる全国センター）に委任してしまっています。私たちは、今からでも指定情報処理機関に対する事務委任を解消し、東京都が自らの責任において事務処理を行うか、もしくはネットワークから離脱し、メリットのない住民基本台帳ネットワークにはのらないようにすることを申し入れます。

以上のような認識に基づき、私たちは以下のような質問並びに申し入れを行いますので、ご回答方宜しくお願い申し上げます。

記

1．私たちは、現在行われている住民票の交付体制で十分であり、莫大な税金を投入して住民基本台帳ネットワーク構築の必要はないと考える。このシステムは住民の利便性向上よりも将来的に行政や国家が住民を効率よく管理していくことに照準が置かれていると考えるが、東京都はこのシステムをどう評価しているのか。都道府県が主体となってこのシステムに参加しない道も考えられると思うが、いかがか。

（回答）住民基本台帳ネットワークシステムは、都民の負担軽減やサービスの向上を図り、行政の効率化に資する、極めて意義のあるものであると認識している。
なお、住民基本台帳法により、このシステムへの参加が義務づけられている。

2．東京都は残念ながら住民基本台帳ネットワークに関してその事務を指定情報処理機関（地方自治情報センター）に委任したが、その経緯を明らかにされたい。また、国家管理ではないと言いながら、事実上指定情報処理機関は国内に一箇所（地方自治情報センター）であり、住民情報の国家管理に道を開くものであると思われるが、そうした問題のある指定情報処理機関に事務委任したのはなぜか。事務委託費はいくら支払うことになるのか。

（回答）住民基本台帳法第三〇条の一〇第一項の規定に基づき、平成一二年三月三日付で指定情報処理機関に本人確認情報処理事務を委任し、告示した。

委任の理由は、「住民基本台帳ネットワークシステムは、全国共通で使用するシステムであるため、都が単独で開発・運用するのではなく、指定情報処理機関に事務を委任し、全国で統一的に処理することにより、①システム開発及び保守に係る経費の抑制　②システム運営に係る事務の軽減及び経費の抑制、本人確認情報の処理に関する技術的助言及び情報の確保、が図られるため」である。また、委任に伴う経費は、住民基本台帳法第三〇条二〇第一項の規定に基づく都道府県の交付金として支払うこととなり、国の試算によれば、平成一五年度までのいわゆる構築期間に都が支払う交付金は約七億五〇〇〇万円、平成一六年度以降毎年支払う交付金は約二億円とされている。

3．杉並区長は、住民基本台帳ネットワークに対して、住民のプライバシー保護の観点から危惧を表明し、今年度それにかかる予算を組んでいないが、このことをどう評価するのか。

（回答）全国的な構築スケジュール上、区市町村は、平成一三年度中に既存の住民基本台帳システムの改修作業と区市町村サーバの設置を完了することになっており、これらの経費についての予算措置が必要である。

4．もし、杉並区が住民基本台帳ネットワークに参画しなかったら、その事態を東京都はどう評価するのか。そうした場合、どのような問題があると考えているのか。

（回答）住民基本台帳ネットワークシステムに参加しない区市町村は、住民基本台帳法第三〇条の五第二項の規定に基づく本人確認情報の通知の事務などを行うことができないため、法律違反となる。

この場合、当該区市町村の住民は、住民票の写しの広域交付など本来受けられるべきサービスを受けることができず、また、他の区市町村から新たに当該区市町村に転入する住民について、転入の事務処理ができなくなるなどの問題が生じる。

5．二〇〇一年度東京都は住民基本台帳ネットワーク関連予算を組んでいるか。事務を指定情報処理機関に丸投げすると、東京都の担う役割は何か。

（回答）住民基本台帳ネットワークシステム関連の平成一三年度予算は措置済みである。全国共通のシステム開発や全国センターの整備等については指定情報処理機関に委任しているので、都と区市町村とを結ぶネットワークの構築など、都道府県内のシステム構築を都が担うことになる。

6．住民基本台帳ネットワーク施行に伴って、東京都はデータの提供先を条例で規定するのか。その他の点で条例整備が必要なものはあるのか。

(回答) 本人確認情報の提供先は、原則として法律別表に制限列挙されているが、住民基本台帳法第三〇条の七第四項から第六項までに規定する地方公共団体の執行機関に提供する場合や、同法第三〇条の八第二項に規定する知事以外の執行機関に提供する場合など、都道府県の条例で規定するものもある。

また、その他の事項で条例整備が必要なものとして、同法第三〇条の八第一項第二号に規定する本人確認情報の利用対象事務、同法第三〇条の九第一項に規定する本人確認情報の保護に関する審議会の設置、同法三〇条の一〇第五項に規定する国の機関等に対する本人確認情報の提供手数料の額などがある。

7．費用対効果の面でペイさせていくために、東京都は今後住民基本台帳ネットワークをどう活用していこうと考えているのか。

(回答) 住民基本台帳ネットワークシステム導入のメリットとして、都民サービスの向上と行政機関における事務の効率化という両側面があるので、都における費用対効果だけで計ることはできないが、より一層都民サービス向上と事務の簡素・効率化につながるよう、本システムの活用を図っていきたい。

8．昨年一二月に発表された「電子都庁推進計画（中間のまとめ）」の中に「住民基本台帳ネットワークの整備」という項目があるが、その中には「都における申請・届出等行政事務への活用について調査・検討を行いながら」という記述がある。具体的な方向性を示していただきたい。

（回答）住民基本台帳ネットワークシステム稼動後は、都の各局に端末を設置し、法律や条例で定める事務の処理に、本人確認情報を利用することができるようになる。

都民が都への申請や届出に際し住民票の写しを添付しなくて済むよう、平成一四年八月を目途に一部の事務に本システムを活用していきたいと考えており、現在、各局の意向を調査し、事務のあり方などを検討しているところである。

9．昨年八月に「東京都住民基本台帳ネットワークシステム区市町村連絡会」が設置されたが、発足の経緯と今後の活動の予定を明らかにされたい。

（回答）住民基本台帳ネットワークは、都と都内区市町村が連携しながら広域的かつ統一的な事務処理を行うことによりはじめて成り立つものであり、本システムの円滑な構築・運用に向けた連絡調整を行うことを目的として、平成一二年八月二二日に「東京都住民基本台帳ネットワークシステム区市町村連絡会」を設立し、都内区市町村との緊密な連携に努めている。

今後も、同連絡会及びその下に置かれた「地域別連絡会」において、本システムの構築から運用に至るまで、きめ細かい連絡調整を行っていく予定である。

以上

【第2回目】住民基本台帳ネットワークシステムに関する質問と都側回答
（東京都知事宛て、二〇〇一年一〇月四日）

1．東京都は、住基ネットに対して「都民の負担軽減やサービス向上、行政の効率化に資する、きわめて意義のあるもの」との評価をしているが、具体的に何を根拠にそう判断したのか。

（回答）住民側のメリットとしては、住民票の写しの広域交付が受けられること、法律又は条例で定める事務について、役所に申請等を行う際に住民票の写しを提出することなく、住基ネットにより本人確認ができるようになることなど、負担軽減が期待される。また、行政側のメリットとしては、住民の住所確認や生存確認などを住基ネットにより正確かつ効率的に行うことができるようになることなどが挙げられる。

住基ネットは、このように都民サービスの向上と行政事務の簡素・効率化の両面で意義のあるシステムであると考えている。

2．前回、都の条例による本人確認情報の外部提供、庁内利用について、来年早々にも条例を制定する考えを示した。しかし、この外部提供・庁内利用はすでに論議のある公安委員会への提供はもとより、都行政において住民登録情報との照合が新たにできるようになるなど、様々な影響の検討が必要と思われる。条例提案前に都民に対して本人確認情報の利用内容を明らかにし、検討できる時間をとるべきだと考えるが、どのような予定か。

（回答）条例による本人確認情報の利用については、国の政省令改正が遅れていることもあり、条例制定は当初の予定より先送りとなり、平成一四年度に入ってからの作業となる見通しである。条例案の策定にはまだ着手していないが、現時点では、条例案の提案前に別途都民への周知を行う予定はない。

3．条例制定に当たって、七月に本人確認情報を利用の意向のある局に対してヒアリングを行うと前回言われたが、まとまった結果を教えてほしい。

(回答) 本年六月、庁内各局に対して意向調査を行ったが、利用の意向があった局は二九局中一七局であった。利用意向のあった局からはヒアリングを行い、このうち一二局が一四年度からの利用を希望している。なお、現時点でシステム稼動当初(一四年八月)からの利用が可能と見込まれる事務は、恩給事務など法律別表を根拠とする数件の事務のみである。

4. 都のサーバに入っている本人確認情報の管理主体は都道府県知事だと説明されたが、住基法のどこにそのような規定があるのか。

(回答) 住民基本台帳法第三〇条の五第一項に規定する「本人確認情報」は、同条第二項の規定により、区市町村から電気通信回線を通じて都道府県に送信することになっており、この通知を受けた都道府県は、同条第三項の規定により、本人確認情報を磁気ディスクに記録し、これを当該通知の日から政令で定める期間保存することになっている。

また、本人確認情報の外部への提供については、法第三〇条の七第三項から第六項までに「都道府県の事務」として規定されている。

さらに、法第三〇条の三三第一項には、都道府県知事は、受領した本人確認情報の「適切な管理のために」必要な措置を講じなければならない、と明記されている。

5. 本人確認情報を利用する所管には本人確認情報を見ることのできる端末機を設置することを回答されたが、システム的にはこの端末機では都内区市町村から都のサーバーに送信された本人確認情報だけでなく、全国民の本人確認情報が見ることができるのではないか。それとも、都から提供したり都庁内で利用するパソコン端末機では都民の本人確認情報しか見ることのできないシステムにするのか。

（回答）他の道府県の住民について情報提供を受けることができるのは、法律別表第三又は第四に列挙された事務のみである。これらの事務では、職員が全国サーバを検索する必要があるが、これ以外の事務では都道府県サーバを検索すれば足りる。したがって、都としては、全国サーバを検索する場合と、都サーバのみを検索する場合で、システム利用の権限分けが必要と考えており、その旨を全国センターに照会中である。

6．本人確認情報の目的外利用を抑制するために、端末機により自由に検索できるのではなく、求めに応じて範囲を限定した本人確認情報を媒体で提供するようにすべきではないか。

（回答）業務端末は、本人確認情報の検索用に設置するものであり、法律や条例の根拠がある事務については、各局職員が検索する前提となっている。全国センターに確認したところ、都道府県サーバには、媒体によりデータ提供を行う機能はないとのことである。

7．本人確認情報の利用・提供経過の本人確認ができるシステムにすることについて、まだ具体的なシステムがわからないから、との説明だったが、都としてそのようなシステムをつくることを要望していくのか。

（回答）法律の規定にないことであり、そのような要望を行う予定はない。

8．「本人確認情報の提供状況について、法三〇条の七で都には国等への提供については報告書の作成・公表が規定（指定情報処理機関に委任）されているが、都が条例で行う執行機関内での利用や他への提供については法の規定がない。今後条例をつくるにあたり、

①　都の機関内での利用や他への提供についての報告書の作成・公表はするのか

（回答）法律の規定にないことであり、今のところその予定はない。

②　自己情報コントロール権の立場からは、一般的・概括的な利用状況だけでなく、当該本人が自己の本人確認情報がどこに提供されているかを具体的に把握できるようにすべきだが、そのようなシステムをつくるのか

（回答）法律の規定にないことであり、その予定はない。

③　その利用・提供内容が「住民の利便の増進」という住民基本台帳法の目的に反すると思われたときに、利用・提供の中止を求める権利（住基ネットワークシステムによる提供でなく、本人自ら住民票を提出することにより事務処理を行う「オプトアウト」の権利を含め）は条例に規定されるのか

（回答）法律の規定にないことであり、その予定はない。

9．杉並区の「住民基本台帳ネットワークシステム個人情報保護条例」では、本人確認情報の利用について提供先に調査・報告を求め、場合によっては「必要な措置をとる」とされている。前回の説明では、都に提供された本人確認情報の管理について市区町村は関与できない旨の回答があったが、この条例にどのように対応するのか。

(回答) 杉並区の同条例では、情報の漏洩などにより「基本的人権が侵害されるおそれがあると認めるとき」との条件付きで、国や都に対し報告を求めることとされた。都としても、そのような状況下においては、区市町村と十分に連携し、法律の趣旨に従って、本人確認情報の適切な管理のために必要な措置を講じることになる。

10. 指定情報処理機関について、行政機関等個人情報保護法の改正検討では、地方自治情報センターは民間事業者扱いとして制定予定の個人情報保護法の対象となる旨の整理がされたようである。また住基ネットシステムは指定情報処理機関への委任を前提としたものとなり、都道府県の関与を担保していた「委任の解除」は事実上困難になろうとしている。政令では国等への提供方法(オンラインか、媒体での提供か)についての都道府県の関与もできなくなっている。今後、地方自治情報センターに対してどのようにして実効ある都の関与を行うのか。

(回答) 法第三〇条の二三の規定に基づき、知事が本人確認情報処理事務の適正な実施を確保するため必要があると認めるときは、指定情報処理機関に報告を求めるほか、都の職員が立ち入り検査を行うこともできる。

11. 電子都庁計画の中で住基カードを利用する予定があるか。あるとすればどのような業務・利用法か。

(回答) 住民基本台帳カードは、法律の規定に基づく利用以外には、区市町村が条例に基づき独自の利用方法を定めることとなっており、都として利用する予定はない。

12．四七都道府県の部長級からなる住民基本台帳ネットワーク推進協議会があるが、今後システム利用検討部会を立ち上げ、そこで都道府県がどのように住基ネットを利用していくか検討することになっていたようだが、その後どうなっているのか。

（回答）同利用部会は、平成一三年七月一八日に第一回の会合がもたれ、積極的に検討を行っている県による検討状況の説明等があったと聞いている。都道府県の条例による利用が先送りの見通しとなったこともあり、次回の開催予定は、未定とのことである。

【第三回目】住民基本台帳ネットワークシステムに関する要請書と都側回答
（東京都知事宛て、二〇〇二年一月二九日）

この間私たちは東京都と二回にわたって標記システムについて交渉を行ってきました。私たちは、東京都がこのシステムの運用主体であるという立場から東京都にこのシステムに対する主体的な判断を求めてまいりました。ところが残念ながら、東京都は、国の法律や政策に追随するばかりで、独自の判断を持ち合わせていませんでした。

住民基本台帳ネットワークシステムは、住民の利便性向上を大義名分として国が九九年に法「改正」したものですが、住民の利便性の向上とは名ばかりで、実は国民に一一桁の背番号をふることによって国民管理の精密化を狙ったものに他なりません。また、本人確認情報については、法別表において国の機関の利用できる業務を限定していましたが、今年の八月のコード付番を待たずして、別表の改正が取り沙汰される有り様を見ても分かるように、今後利用範囲は拡大していく方向にあり、民間利用も含めて他の目的で利用される危険性は十分にあります。私たちはそうした住民基本台帳ネットワークの在り方に反対するとともに、住民基本台帳とは元来市区町村事務であり、国や都道府県が主導権を握るべきではないと考えます。ただし、重ねて言いますが、改「正」住基法制下においては都道府県がシステムの運用主体である以上、住民基本台帳ネットワークへの参入の是非も含めて、住民の意見を反映し、主体的な検討が行われるべきです。

以上のような基本的認識に立ち、以下の要請を行いますので、東京都としての考え方を明らかにして下さい。

記

1．東京都は、住民基本台帳ネットワークシステム（以下「住基ネット」という）に参加しないこと。「改正」住基法の廃止を国に対して求めること。

（回答）改正住民基本台帳法（以下「法」という。）に規定する都道府県の事務を行うに当たっては、全国の地方公共団体が連携して住民基本台帳ネットワークシステム（以下「住基ネット」という。）を構築する必要があります。

東京都としては、都民の利便性向上や行政事務の効率化・IT化などの観点から、住基ネットの果たす役割は大きいと考えております。

2．(1)東京都は住基ネットの内容について、そのデメリットも含めて、事前に都民に十分に説明するとともに、住基ネットへの参加の可否も含めて、都民の声を政策に反映すること。

（回答）東京都としては、住基ネットの内容について、システムが一部稼動する平成一四年八月までに、広報紙等を通じて都民の皆さんに周知する予定です。

(2)東京都は、指定情報処理機関に対する住基ネット事務の委託を中止し、自ら処理すること。

(回答)東京都が住基ネットに関する事務を指定情報処理機関に委任して行うのは、コンピュータネットワークという事務の性格から、事務処理の効率性・正確性及び高いセキュリティを確保するため、全国的に一つの機関が一括して事務処理を行うことが適当であること、また、共通システムの開発・運用に係る費用や要員を四七都道府県で按分することが可能となること、などの理由によるものです。

(3)現在国で改正が検討されている住基法別表の拡大に対して反対すること。

(回答)東京都としては、国が検討している法別表の改正によって、パスポートの発給における本人確認などに住基ネットが活用されることとなり、都民サービスの向上が図られると考えています。

(4)東京都は本人確認情報の提供や利用に関する条例を策定しないこと。

(回答)法別表に掲げる事務以外の事務であって、住基ネットを利用することにより都民サービスの向上につながる見込みのある事務については、議会の議決により条例を制定しなければなりません。

東京都においては、法別表に掲げる事務以外の事務で条例を定めて利用するものについて、再度庁内各局の意向調査を行っていく予定です。

⑸本人確認情報に関して

① 東京都は都民の本人確認情報を、いかなる機関のいかなる事務にも提供しないこと。

（回答）法に定める機関から、法に定める事務に対して本人確認情報の提供を求められた場合、都道府県知事は当該本人確認情報を提供する義務があるため、東京都としても、法に基づき法の範囲内で都民の本人確認情報を提供することになります。

② 本人確認情報を提供する場合、住基法別表以外の事務に、本人確認情報を提供しないこと。とりわけ重大な人権侵害につながる公安委員会への本人確認情報の提供を行わないこと。

（回答）法別表第一から第五までに定める事務などの法定事務以外の事務については、別途、条例の規定がなければ、いかなる機関に対しても、いかなる事務であっても、本人確認情報の提供を行うことはありません。

③「行政機関の保有する電子計算機処理に係る個人情報の保護に関する法律」に基づいて個人データファイルの存在を公表していない機関に対して、本人確認情報を提供しないこと。

（回答）本人確認情報の提供を受けることができる国の機関等については、法に制限列挙されており、そうした機関から法に基づく事務処理に関し求めがあった場合、本人確認情報は提供されることとなります。

④ 本人確認情報を提供する場合、適用する事務およびその内容を事前に都民に周知すること。また、提

供がなされた場合、どのような事務に、どのような内容を提供したのか、報告書を作成して、都民に公表すること。

（回答）都道府県知事が本人確認情報を提供する事務については法に制限列挙されていますが、法に基づく事務以外で東京都の条例で定める事務に利用する場合には、事前に東京都が設置する審議会から意見を聴くことも検討します。また、議会の議決をいただき、条例制定を行うことになります。なお、本人確認情報の国の機関等への提供状況については報告書を作成、公表することになっており、その項目は総務省令により、情報の提供先、提供年月、提供件数、提供方法とされています。

(6) 東京都は、住基カードの利用を行わないこと。また、市区町村に対して住基カード利用を奨励しないこと。

（回答）住民基本台帳カードは、法第三〇条の四四第三項の規定に基づき、区市町村長が住民の申請に応じて交付するものであり、東京都において交付・利用するものではありません。
また、区市長村長は、同条同項の規定に基づき住民から申請があった場合、住基カードを交付する義務がありますが、同条第八項の規定に基づき区市町村条例を制定して行う独自の利用に関しては、あくまで区市町村長の判断で実施していただくことになります。

(7) 東京都は、都民の住基ネット上における自己情報に対するアクセス権・自己情報訂正権・利用中止請求権等の自己情報コントロール権を保障すること。

（回答）法第三〇条の三七第一項の規定により自己に係る本人確認情報については、何人も開示請求できるとされており、また、法第三〇条の四〇の規定により本人確認情報の訂正・追加等を申し出る権利も保障されています。

なお、法には本人確認情報の利用中止請求という制度はありませんが、万が一、データの漏洩などのおそれがある場合には、全国の地方公共団体が連携して策定した「緊急時対応計画」等に基づき、住基ネットの一時停止をも含めた安全確保措置を講じます。

住民基本台帳ネットワークシステムに関する意見書
（東京都知事宛て、二〇〇二年六月三日）

従前、当会は表記システムの運用に関する要請を行い、質問書を提出いたしました。住民基本台帳ネットワークシステムは住民の利便性の向上とは名ばかりで、予算に見合うサービスの向上は到底望めず、住民に一一桁の背番号をふることによって住民管理の精密化を狙ったものに他なりません。また住民への国民番号の付与は事実上の住民管理の国家化であり、地方分権・地方自治の流れに反するもの。住民としての権利が侵害されかねないものでもあります。

事実、国の機関による本人確認情報の利用については、法別表においてその業務を限定していましたが、今年の八月のコード付番を待たずして別表の改正が日程に上るなど、今後の利用拡大は必至で、民間利用も含めて他の目的で利用される危険性は十分にあります。また、その際、住民の意向・自治体の意向を頓着せず、国の意向だけで進んでいくのだということも法改正の手順の中で明らかになっています。

したがって、先般、当会の要請に対して貴職が「回答」をお寄せいただいたことに敬意を表するものではありますが、当会のシステムに対する危惧はなお解消されるものではなく、一層の警戒と監視を続けていく必要を痛感する次第です。

貴職の回答は通り一片のものが多く、総務省の受け売りにも似て、このシステムの主体者であることにたいする自覚が感じられません。

貴職の回答は現状の説明に終始し、将来に向け、都民の人権をどう守っていこうとしているのかというヴィジョンが欠落しています。

貴職の回答は自治体の主体性を放棄したもので、都民の人権に深くかかわるこのシステムの運用主体として相応しいものではありません。

住民基本台帳ネットワークシステムはその運用のあり方をめぐって、いままさに正念場を迎えております。乱暴な導入のあおりで、自治体の労苦も限界を超えており、住民にはなお、システム導入後のありようが示されておりません。このようなシステムは手順としても欠陥であり、民主主義の原則にもとるものです。

当会はこのシステムの中止、出直しを求めるとともに、貴職の今後の運用姿勢にも十分な監視を続けていくつもりです。運用の過程で、新たな事態が出現した場合には、当会との協議の場を設けていただくようお願いして、意見書とさせていただきます。

住基ネット関連法をめぐる動きと市民行動の活動日誌

1967　住民基本台帳法施行（情報一元化のスタート）
1968・8　電子計算機利用をめぐる関係七省庁会議発足
1970・3　各省庁統一行政コード連絡研究会議設置
1971　法務総研・梅田昌博私案「戸籍オンラインシステム」
1972・11　「総背番号に反対し、プライバシーを守る国民中央会議」結成（全電通、自治労電機労連）
1978　旧社会党「個人情報保護基本法案」「個人情報処理に係わる電子計算機等の利用の規制に関する法律案」発表
　政府税調「納税番号制」提唱
1980・9・17　CE「個人データの自動処理に関わる個人の保護に関する条約」採択：CE条約（85・10発効）
　9・23　OECD「プライバシー保護と個人データの国際流通についてのガイドラインに関する理事会勧告」OECD八原則
1981　グリーン・カード制導入決定（84年実施）
1983　グリーン・カード制廃止（廃止法案可決）
1984・7　総理府、行政管理庁を吸収し、総務庁に
　10　外国人背番号制発足（外国人登録のコンピュータ化実施）
1985　住民基本台帳のコンピュータ化実施（データベース化）
　「行政機関における個人情報保護に関する研究会」発足（総務庁）

1986　　「同研究会」提言
1987・10　「個人情報保護対策研究会」提言（自治省）
1988　　行政機関の電子計算機処理に関わる個人情報の保護に関する法律成立（臨時国会）
1989・2　税務等行政分野における共通番号制度に関する関係省庁会議発足
12・15　国連「コンピュータ化された個人情報ファイルの規制のためのガイドライン」採択
1990　　大蔵省「（納税者番号には）社会保障番号が望ましい」と名言（基礎年金番号支持）
1992・1　政府税調「年金番号（北米方式）出生時付番（北欧方式）」併記（納税単独番号否定）
5　社会保険庁、年金番号の一元化に着手（95年実施）
9　自治省、住基台帳の番号一本化を表明（95年目途）
1993　　社会保険庁、基礎年金番号構想発表（95年実施）
自治省「地方公務員共済」一元化に抵抗。自治労、住民票方式支持
1994・4　社会保険庁「年金番号試験開始」決定（95年芦屋市・尼崎市、97年本格利用目途）
8　「住民記録システムネットワークの構築に関する研究会」発足（自治大臣諮問機関）
内閣に高度情報通信社会推進本部設置（本部長は総理大臣）
12　大蔵省、総合課税先送りと納税者番号制の早期導入を決定
1995・1　阪神淡路大地震で芦屋・尼崎コンピュータ停止（年金番号実用試験崩壊）
コンピュータ処理を認め新戸籍法の施行
3・1　自治省、住基法事務処理要領改正通達施行（続柄を「子」に統一）
自治大臣諮問機関「住基ネットワーク構想」の「中間報告」発表
8　EU「個人データの処理およびその自由な移動に関する個人の保護に関する指令」採択
（EUデータ保護指令）

1996・4 国税庁「国税総合管理システム（KSKシステム）」本格稼働
1997・1 厚生省の「基礎年金番号制」スタート
1997 住民基本台帳法一部改「正」試案公表
【本格的な住基ネットへの動き始まる】
1998・3・10 法案閣議決定、通常国会に上程
8 **反対行動のための相談会**
10・22 **「住民基本台帳法改悪＝国民総背番号制に反対する12・19集会実行委員会結成。以降、月に二回程度の実行委員会。スローガンは「私を番号で呼ばないで！監視社会はイヤだ！」（現在の「やぶれっ！住基ネット市民行動」の前々前身）**
10・24 EUデータ保護指令発効（保護なき国への移転禁止）
12・19 **「私を番号で呼ばないで！監視社会はイヤだ」集会（渋谷勤労福祉会館にて、発言：白石孝、佐藤文明、今井恭平、中村利也ほか）**
1999・1・13 **12月集会の総括および新たな反対行動のための準備会。「番号管理・情報監視はいやだ！市民行動」結成。以降、9月まで月に二〜三回の割合で実行委員会**
3・28 **「わたしを番号で呼ばないで！」集会開催（渋谷・宮下公園にてリレートーク、歌、バーコードゼッケンや仮面、鳴り物多様のデモ、八〇人）**
5・11 **衆議院地方行政委員会傍聴**
5・13 **同右**
5・18 **同右**
6・8 **衆議院地方行政委員会参考人質疑傍聴**
6・15 衆院本会議、賛成多数で可決

6・17　住民基本台帳法「改正」案に反対！　国会請願デモ（国民総背番号制法案に反対する市民連絡会と共催）、午後五時半に社会文化会館前集合、六時デモ出発

6・22　「盗聴・監視社会はイヤだ！市民集会」（国民総背番号制法案に反対する市民連絡会等との共催、シニアワーク東京）

7・22　参議院地方行政・警察委員会傍聴

7・27　同右／参考人質疑傍聴

7・29　同右

8・3　参議院地方行政・警察委員会傍聴

8・5　参議院地方行政・警察委員会・地方公聴会／質疑傍聴

8・12　組対法三法案、住基法改悪法案反対国会行動

右記法案、参院本会議で可決：中間報告を求めることを議題とする動議／中間報告を直ちに求める動議／中間報告／直ちに審議する動議／法案の討論・採決

10・13　住基法改悪法通過後の報告会およびこれからの取り組みについての会議。「連続講座」「やぶれっ！『住基ネット』市民講座」（二〇〇〇年に六回）開催を決める。

2000・1・19　第一回やぶれっ！「住基ネット」市民講座「改悪住基法は何をもたらすのか？――国会で論議されたこと・されなかったこと」（以下、3・15「背番号への反撃――自治体からの抵抗の可能性」、5・17「こんな住民管理なんていらない！――戸籍・住民基本台帳・外国人登録」、7・14「個人情報保護制度はいま――世界と日本を比較して」、10・3「世界の住民登録制度――日本の制度と比較して」、11・18「監視体制の日常化を超えて――盗聴法・住基法は治安立法か？」）

2000・2・7　二〇〇二年の改悪案施行に向けて「やぶれっ！『住基ネット』市民行動」として再出発

を決める。
7・2 **第一回都庁交渉**
10・15 **第二回都庁交渉**
2001・1・29 **第三回都庁交渉**
2 **韓国における国民総背番号制反対運動「住民登録証を引き裂け！」上映運動について、その立ち上げ集会の実行委員会に参加。**
2・25 総務省、住基ネット個人データの利用範囲を大幅拡大するという施行前の再改悪をするため、関連法案の通常国会提出を発表（九九年改「正」時の一〇省庁九三件に、新たに一一省庁一七一件を追加するというもの）
5・8 **「住基ネット八月五日を許さない実行委員会」に参加。**
6・11 **衆議院議員会館会議室にて記者会見。実行委員会立ち上げと今後の活動についてのPR。**
6・19 **「牛は一〇ケタ人は一一ケタ　恐怖の国民総背番号制に反対!!　市民の集い」（住基ネット八月五日を許さない実行委員会）**

（ゴシック体は反対運動関連の動き。作成・桜井大子）

あとがき

九九年八月一二日も暑い一日だった。盗聴法が国会を通過したあと続けて改「正」住基法は足早に成立してしまった。委員会傍聴、議面前行動など毎日のように国会に足を運んだだけに、呆気ない成立ははかりしれない虚無感だけを残していった。

そして三年後の今年八月五日は目前に迫っている。

しかし、情勢は三年前と全くと言っていいほど異なっている。今年も三年前に匹敵する、いやそれを上回る重要法案が登場したが、現時点で有事関連三法案、官民個人情報保護法案は今国会で成立しない見通しである。さらに番号付番の前にもかかわらず、住基法の適用業務の拡大を行おうという法案も、与党の公明党の慎重審議を求める姿勢によって先送りされた。

個人情報保護法制の確立を前提として成立した改「正」住基法は、官民個人情報保護法の先送りによって普通ならその根拠を失うはずである。しかし、事はそうは運ばない。総務省は八月五日実施を崩そうとしていない。ところが、今回は情勢が違う。他の重要課題が先送りされたことによって、住基ネット八月実施がクローズアップされてきた。

しかも三年前と異なり、反対する人々が回りに多くいる。立脚基盤が違うが、櫻井よし子らの著名人も「国民共通番号制に反対する会」を立ち上げ住基ネット八月五日実施に反対している。

私たちやぶれっ!住基ネット市民行動は、監視社会に反対する様々なグループとともに、六月五日、「住基ネット8月5日実施を許さない実行委員会」を発足させた。六月一九日と七月二〇日に大規模な集会とデモを予定している。四野党は八月五日の「凍結法案」を国会に上程することを発表している。

いま、風は明らかに私たちに有利に吹き始めている。この本はその運動過程で生み出されたものだ。「住基ネットは難しい」という巷の声にいかに応え、その危険性を伝達していく言語を持ち得るのか。私たちは本の編集過程において座談会も行い、そこを中心として議論した。是非ともこの本が様々な運動において活用されることを願ってやまない。

八月五日は私たちの終点ではない。背番号の後には、住基カードの配布が来年八月に用意されている。発行主体が各自治体であり、入れられるデータも自治体ごとにバラツキが出てくることも予想される。住基カードを「国民登録証」にさせないためにも継続した取り組みが必要だ。

この本の出版は長期にわたる私たちの運動の一里塚と言えるだろう。

(宮崎俊郎)

私を番号で呼ばないで 「国民総背番号」管理はイヤだ

2002年7月31日 初版第1刷発行
2002年8月30日 初版第3刷発行

編 者――やぶれっ！住民基本台帳ネットワーク市民行動
装 幀――貝原 浩
発行人――松田健二
発行所――株式会社社会評論社
東京都文京区本郷2-3-10
☎03(3814)3861 FAX.03(3818)2808
http://www.shahyo.com
印 刷――スマイル企画＋P&Pサービス
製 本――東和製本

Printed in Japan ISBN4-7845-0609-8